선교현장 교회의
개척과 자립

몽골 교회개척 현장에서 자립 선교를 지향하며

선교현장 교회의 개척과 자립

지은이 김종진
펴낸곳 도서출판 케노시스

등 록 제2011-24호(2011. 5. 23)
전 화 02)453-2208, 450-5435-6
팩 스 02)2201-6953
주 소 서울시 광진구 광장로 5길 25-1

인 쇄 2019년 7월 30일
발 행 2019년 8월 2일

ISBN 979-11-85698-25-0 (93230)

값 15,000원 (*파본은 바꿔드립니다)

선교현장 교회의 개척과 자립

몽골 교회개척 현장에서 자립 선교를 지향하며

김종진 지음

도서출판 **케노시스**

목차 · CONTENTS

표 목록 (LIST OF TABLES)

그림 목록 (LIST OF FIGURES)

머리글

몽골의 현대 기독교 선교는 1991년도에 시작되어 2021년에 선교 30주년을 맞이하게 됩니다. 2017년 통계를 보면 몽골은 전체 인구대비 복음화율 1.16%인 전형적인 미전도 종족국가로 분류되고 있습니다. 지난 30년 동안 선교사들이 주도하던 선교 시기를 거쳐서 이제 자치 시기에 접어든 몽골교회는 앞으로 자립선교를 목표로 힘찬 걸음으로 앞으로 나아가고 있습니다.

이 책은 한국 교회를 통해서 설립된 미전도종족 지역의 한 교회가 어떻게 선교사 주도 시기를 거쳐 어떤 과정을 거쳐서 지도력이 현지인에게 위임되어 자치 시기를 거쳐서 자립의 단계로 들어갔는지에 대한 기록입니다. 선교지 교회가 자립으로 나가는 과정은 현지 지도력의 형성과 재정의 자립 그리고 사역을 독립적으로 이끌어나가는 전 과정을 포함합니다.

이 책의 실질적인 배경은 몽골 '하나님의 어린양교회'의 개척 과정(2003년 개척)입니다. 2000년 7월에 몽골 중앙 내륙의 한 시골교회 지붕 수리 중 하나님의 부름을 받아 소천한 고 김성호 청년의 죽음이 한 알의 밀알이 되어 열매를 거두는 전 과정을 부족하나마 이 책에 담게 되었습니다.

선교의 최종 목표는 무엇인가? 그것은 선교지 교회가 선교사 주도 시기를 지나고 자치 과정을 거쳐서 자립 된 단계에서 스스로의 힘으로 복음을 재생산하는 교회가 되는 것입니다. 복음의 빚진 자였던 한국 교회가 이제 세계 180여 개 국가에 28,000명의 선교사를 파송하는 교회가 되었듯이, 몽골교회 또한 전 세계를 향해 복음을 전달하는 때가 오기를 간절히 소망합니다.

2019년 부활절기에 몽골

김종진

추천사

Model이기보다 하나의 Sample로서의 몽골 선교

1885년 부활절 아침, 아펜젤러 부부와 언더우드가 예수 그리스도의 복음을 가지고 대한민국 제물포항으로 들어온 지 134년이 된 오늘, 5만 교회, 1천만 성도, 그리고 '170 나라 30,000명 선교사' 시대를 연 한국 교회는 세계 교회가 주목하는 데서 이제는 세계선교를 주도하는 교회가 된 것은 하나님의 엄청난 은혜이며 축복이다. 그러나 짧은 역사에 이루어낸 결과이기 때문에 축적된 Know-How가 많지 않아 현장에서는 아직도 시행착오가 적지 않다.

몽골선교의 역사가 짧음에도 불구하고 상황이 많이 변하고 있어 이제 불가불 출구전략을 치밀하게 준비하지 않으면 안 될 시점에 이르렀다. 선교사들은 저마다 그 땅에 이루어질 하나님 나라를 위하여 뼈를 묻겠다는 각오를 하였으나, 현지 교회가 더 든든히 세워지고 복음화의 사명을 다하기 위하여 현지 지도력이 건강하게 세워지지 않으면 안 된다.

김종진 선교사는 이런 상황을 미리 예견하고 선교지의 경험을 바탕으로 깊이 있는 연구로 학위논문을 썼고, 이번에 한 권의 책으로 출판하게 된 것이다. 이것은 '누구나 이렇게 해야 한다.'는 모델이 아니라, '이렇게 해 보았더니 이런 결과가 나왔다'라는 하나의 샘플이 되어 앞으로 많은 연구를 촉발하는 계기가 되기를 바란다.

종교교회 담임목사 최이우

추천사

가시밭, 돌짝밭을 기경하여 옥토로 만들어가는 사람

하나님 앞에 신실하고 열정을 가진 분들을 만나면 마음속에서 잔잔한 기쁨이 솟아나면서 행복해집니다. 신학생 시절을 함께 보낸 김종진 선교사가 그런 사람입니다.

우리는 복을 받기 위해서가 아니라 복을 받았기 때문에 선교하는 것이라고 생각합니다. 한국은 이미 선교 강국이 되었지만 이제는 선교 선진국이 되기를 소원합니다. 그러기 위해선 우리가 하는 선교가 더 성숙해지고 성육신적 선교가 되어야 한다고 생각합니다. 궁극적으로 선교는 원주민에 의한 원주민을 위한 원주민의 선교가 되도록 하여야 하는데 이 책은 선교의 현장에서 땀 흘리는 모든 이들에게 그리고 열방을 품고 선교사로 준비하고 있는 이들에게 체계적이고 전략적인 바른 선교를 위한 통찰력을 갖게 해줍니다. 좋은 땅을 기경하는 사람도 있지만 가시밭이나 돌짝밭을 갈아 옥토가 되게 하는 사명을 감당하는 이들이 있습니다. 부르심에 순종하여 척박한 땅을 기경하며 기름진 땅으로 바꾸어가는 김선교사님의 노고에 찬사를 보냅니다.

적자생존(適者生存)이라는 말이 있습니다. 환경에 가장 잘 적응하는 생물이나 집단이 살아남는다는 의미를 가진 말이라는 것을 모두 잘 알고 있습니다. 그런데 이 말의 새로운 해석이 있습니다. 그것은 '적어야 산다.'라는 말입니다. 김선교사님이 이런 귀한 기록을 책으로 엮어낼 수 있었던 것은 그야말로 그가 성실하게 기록한 덕분입니다. 모든 분야에서 이것이 필요하지만 특별히 선교사들에게 '적자생존'의 능력과 습관이 꼭 필요하다고 생각합니다.

한국교회는 그리고 한국선교는 저자와 같은 선교사가 있어 소망이 있습니다. 그가 자랑스럽습니다. 앞으로 하나님께서 또 어떻게 귀하게 그를 쓰실지 궁금합니다. "영원한 것을 얻기 위해 영원하지 않은 것을 버리는 일은 결코 어리석은 선택이 아니다."라고 했던 짐 엘리엇 선교사의 유훈을 빌리지 않더라도 이미 그 진리를 아는 사람들의 끊임없는 헌신은 있어왔고 앞으로도 묵묵히 계속될 것입니다. 이 책이 하나님 나라를 꿈꾸며 삶을 드리는 모든 동역자들에게 하나의 귀한 길잡이가 되기를 바랍니다. 그리고 묵묵히 그 길을 함께 걸어갈 김선교사님의 수고에 박수와 응원을 보냅니다.

기독교 대한 감리회 선교국 총무 **오일영 목사**

추천사

저자와 같은 시기는 아니었지만, 한때 같은 선교지에서 사역했던 선교사 동료로서, 김종진 선교사의 책『미전도종족 교회개척과 자립』의 출간을 진심으로 축하하면서 독자들의 일독을 권한다. 그러나 이 책을 추천하는 이유는 단순히 저자가 같은 선교사라는 배경을 지녔기 때문만은 아니다. 역사상 선교는 무명 선교사들의 헌신으로 이뤄져 왔다. 물론 이런 헌신도 귀하지만, 선교사들 가운데 연구업적을 남기는 선교사 학자(missionary scholar)들이 있는데, 그런 연구를 통해 그들의 사역이 일회적인 것으로 묻히지 않는 것은 물론이고 타인에게도 선교에 있어서 과거를 반성하고 현재를 성찰하며 미래를 전망할 수 있는 바탕을 제공해주기 때문이다. 사실 선교역사를 돌아보면, 이런 선교사 학자들이 선교를 진일보시키고 선교학을 발전시켰을 뿐 아니라, 서구 학계에 큰 도전을 주어 연구방향을 바꾸고 연구 영역을 넓힌 경우가 많다. 이런 귀한 대열에 김선교사님이 참여하게 되어 참으로 기쁘다.

본서는 미전도종족 교회개척과 자립이라는 두 가지 중요한 선교학적 주제를 동시에 다룬 귀한 책이다. 한동안 한국 교회가 세계선교를 주도한다는 자부심이 넘쳤던 것이 사실이다. 그러나 여느 나라의 경우와 마찬가지로 한국 교회의 선교 역시 완전한 것은 아니고, 시행착오의 연속, 성공과 실패의 교차 등의 과정을 통해 진행되고 있다. 한국 교회가 20세기 후반 교회성장을 통해 개인 구원, 교회성장 등에 강세를 보였고, 그런 배경에서 자란 선교사들이 주로 사람을 대상으로 한 사역, 즉 전도, 교회개척, 제자훈련 등에 집중해왔다. 그러나 그런 모든 시도가 다 성공한 것은 아니다.

더구나 한국 교회가 교회성장의 절정기를 전후로 안정세에 들어가면서 많은 사람들이 전도와 교회개척의 경험을 가지지 못했고, 더구나 최근 들어 정체 내지 쇠퇴기에 들어서면서 교회의 수세에 급급한 나머지 전도와 교회개척의 경험을 갖는 일이 흔하지 않다. 이런 맥락을 고려할 때, 한국 교회 출신 선교사가 반드시 전도와 교회개척에 강세를 보인다든지 그런 사역에 몰두한다든지 하는 판단은 현실과는 상당한 거리가 있는 것이라고 할 수 있다. 그런 점에서, 몽골의 현지인 교회라는 구체적인 사례연구를 통해 교회개척의 시작에서 이양에 이르기까지 전반적인 과정을 샅샅이 살펴보는 본 연구는 학문적으로도 중요한 작업일 뿐 아니라, 교회개척을 염두에 두는 선교사가 구체적인 지침서로도 활용할 만한 부분이 많다.

저자는 교회개척 이외에도 자립이라는 문제도 다루고 있다. 사실상 저자에게는 사역이나 본 연구 모두에 있어서 두 가지 주제가 긴밀하게 연결되어 있다. 저자는 소위 삼자정책(three self)에 있어서 유독 자립을 강조한다. 원래 삼자정책은 현지의 민족 교회의 독립이라는 대의명분과 선교 자원의 부족이라는 현실적 요구가 만나면서 탄생된 정책이었다. 각설하고, 근현대 개신교 선교는 삼자정책을 강조했고, 한국 교회가 대표적인 사례임은 틀림없는 사실이다.

한때 과연 삼자정책이 현실 가능한 정책이냐는 논의가 있었고, 한국 교회의 성공이 오히려 예외적인 경우가 아니냐는 주장까지 나온 바 있다.

여하튼 한국 교회는 삼자정책 특히 자립에서 성공한 사례이다. 이것은 한국에서 사역한 서구선교사가 한국 교회의 자립을 추진한 경우도 그렇고, 한국 교회가 타문화 선교의 목적으로 중국 산동에 파송한 한국선교사가 중국교회의 자립을 추진한 경우도 그렇다. 그런데 오늘날 한국 교회 출신 선교사들이 이런 역사적 전통에도 불구하고, 막상 삼자정책 특히 자립을 강조하지 않는 경우가 비일비재하다는 비판이 들려오고 있다. 그러나 본 연구는 한국 교회의 귀한 전통을 선교현장에서 적용한 사례로서, 다른 선교사들에게 도전도 되고 격려도 되리라고 여겨진다. 특히 최근 부각되는 출구전략 등의 새로운 선교적 시각을 도입해서 문제를 분석하고 있다.

저자는 삼자정책 중 자치, 자립 등을 중점적으로 다루고 있다. 물론 자전이라는 점도 다루고 있지만, 별도의 항목으로 배정하기보다는 본문에 녹여서 서술하고 있다. 한때 서구 선교의 목표가 민족 교회 설립이었지만, 이렇게 설립된 민족 교회가 자동적으로 전도나 선교를 재생산하지는 않았다. 따라서 서구 선교는 목표를 재조정했는데, 민족 교회 설립을 넘어서서 선교를 재생산하는 교회 설립을 추구했다. 이런 점에서 저자가 자전의 측면을 좀 더 명확하게 다뤘으면 하는 아쉬움이 남는다.

본서는 단순한 연구물을 넘어서 한국 교회 출신 선교사의 눈물과 땀이 어린 성공적인 사역의 기록이기도 하다. 그런 면에서 우리에게 또 다른 감동을 준다. 부디 김선교사님이 계속 연구업적을 내시기 바라고, 다른 한국 교회 출신 선교사들도 연구업적을 남기길 바란다. 그런 연구물들을 통해, 그들의 귀한 사역이 망각 속으로 사라지는 것을 막고 타 선교사의 타산지석이 되는 기회를 제공하기를 바란다.

장로회신학대학교 교수 안교성

축하의 글

김선교사는 어린양 교회 개척초기부터 이양을 염두에 두고 사람 키우는 일과 제자훈련에 힘을 다한 결과 건강하고 튼튼한 교회를 세웠습니다. 어린양교회는 많은 평신도 지도자들과 교회지도자들을 길러냈고, 재정적으로도 자립하는 교회로서 미자립 교회들을 돕고, 여러 지역에 교회를 개척하는 일을 돕고 있습니다.

김여일 선교사

MTBC 신학교 명예학장

선교역사가 길지 않은 한국교회의 선교(선교사)는 그동안 주로 서구 선교의 선교현장 경험이론을 학습해 왔다. 한국 선교의 미래는 서구 선교의 선교이론을 뛰어 넘는 새로운 패러다임의 출구전략을 필요로 하고 있다. 이러한 때에 몽골에서 선교의 시작점부터 자립하는 과정에 대한 좋은 자료가 책으로 나온 것에 진심으로 축하를 드린다. 몽골 초원에 내리는 시원한 단비가 선교현장에서 사역하는 모두에게 내린 것 같아서 좋다.

오세관 선교사

태국선교사, KWMF 한인세계선교사회 공동회장

눈물로 뿌린 씨앗의 열매를 보는 기쁨, 선교사 김종진은, 그리고 그와 함께 사역하는 동역자들은 참 행복한 인생, 축복의 인생들이 분명하다. 지금 생각해보면, 원래 몽골인과 비슷했던 김종진 선교사는 하나님께서 태초부터 몽골선교를 위해 준비한 사람이 분명하다.

김성복 목사
꽃재교회

어린양 교회와 김종진 선교사는 여러가지로 축복의 통로로 부르심을 받았으며 쓰임받고 있음을 잘 알고 있다. 그들에게 임하셨던 하나님의 통로와 순종의 열매들이 잘 나타난 책이 사실에 의하여 기록되는 가슴 벅찬 일이 우리들 가운데 일어나고 있다. 이 책을 통하여 앞으로 개척될 교회들에게 좋은 길잡이가 될 줄로 확신한다. 또한 선교적 교회와 선교적 공동체들은 어떻게 이루어져 가는지를 가르쳐 줄 줄로 굳게 믿는다.

천강민 선교사
GMS 선교사/안디옥교회

울란바타르 시내에 개척된 '하나님의 어린양 교회'는 전형적인 자립(self supporting church)과 선교 주도형(evangelization oriented church)교회를 지향하였다. 대개의 경우, 시작은 왕성하지만 인력과 재정, 목회력의 자립을 갖추지 못한 채 나중에는 선교사마저 감당하기 어렵게 되는 선교지의 교회가 있는 반면, 'Lamb of God' 교회는 처음 시작부터 철저하게 자기 민족 복음화를 실천해 가는 선교 지향적 교회이며, 자신들의 교회는 자신들이 스스로 운영하게 하는 재정의 자립과, 토착민 지도자를 통한 인력의 자립을 이루어 간 교회이다. 교회가 자신의 민족을 책임진다는 자국민 주도 복음전파 소명과 의식을 처음 개척부터 지향하였다.

김봉춘 선교사

예장통합선교사/몽골연합신학교

현대몽골선교의 30년을 바라보는 시점에 '몽골교회 개척과 성장, 현지인 리더쉽, 선교사의 출구전략'에 대한 책이 나오게 되어 개인적으로도 기쁘며 몽골교회에도 반가운 소식이 아닐 수 없다. 오랜 기간 동안 몽골선교의 동료로서, 후배로 저자를 지켜 보았던 사람으로서 저자의 땀과 큰 노력에 추천서를 쓰게 되어 감사한 마음이다. 언제나 열정적으로 사역하며 주위에 많은 웃음과 자극을 주었던 저자의 노고가 몽골 선교의 30주년을 맞이하는 시기에 몽골선교를 되돌아보며 몽골선교의 새로운 지평을 여는 귀한 기회가 되기를 바라는 마음이다.

김창식 선교사

기감 선교사, 한인선교사회 회장

제1장

서론

이 책은 2003년도에 몽골의 수도 울란바타르에 개척 설립한 '하나님의 어린양교회'(이하 어린양교회)의 개척사례 연구이다. 서론에서는 연구의 배경과 연구 목적, 연구 목표, 연구의 중요성과 논지, 연구 주제, 연구 질문, 그리고 연구 방법과 범위를 다룬다.

연구의 배경

어린양교회는 현대 선교가 새롭게 시작된 몽골에 한국 교회(선교사)가 개척한 교회이다. 2003년 교회가 시작되어 현재 15년이 지나면서(2018년) 교육, 선교, 재정, 행정에 이르기까지 모든 분야에서 토착 리더십으로 전환되어 나가고 있다. 이 책은 어린양교회가 설립되면서부터 토착 리더십으로 전환되어 나가는 과정을 배경으로 한다.

연구의 목적

이 책은 선교사를 통해서 미전도종족 지역에 교회가 설립되어 어떻게 자리를 잡아가며 성장해 나갈 수 있는가를 연구했다. 또한 선교사가 현지 교회 지도자들을 양성하고 그들이 토착교회를 섬기어 나가는 과정을 정리하였다. 결국 이러한 과정을 통해서 선교사로부터 토착교회 지도자에게 교회가 이양되어 자립적인 교회로 준비되는 과정을 보여주는 데 목적을 둔다.

연구의 목표

본 논문의 연구 목표는 다음과 같다.

첫째, 어떤 시대적인 배경에서 토착교회가 개척되었는가를 이해한다.

둘째, 어떤 과정을 통해서 토착교회가 개척되었는가를 이해한다.

셋째, 토착교회의 설립을 위해 초기에 어떤 선택을 하였고, 어떤 원칙과 방법을 적용하였는가를 이해한다.

넷째, 토착교회가 설립되고 성장해 나가면서 어떤 선교/신학적인 이론을 적용하였는지를 이해한다.

다섯째, 토착교회의 지도력 이양과 출구전략을 위해 진행된 과정을 이해한다.

연구의 중요성

선교사들에 의해서 개척된 수많은 교회가 오랜 세월이 지나도 여전히 선교사와 외국에 의존된 교회로 남아있다. 그리고 심지어 현지 교회들이 선교사가 목회하고 지나가는 과정으로 전락한 예도 많다. 즉 선교사(선교기관)를 위해 존재하는 교회들이 많이 양산되고 있다.

이 연구는 한국 교회가 파송한 선교사에 의해서 개척된 교회가 어떻게 자립하여 토착교회화 되어가는가를 밝히고 있다. 선교사에 의해서 개척된 교회는 선교사들이 활동하기 위한 자리로 남아있어서는 안 된다. 선교사는 교회를 개척하면서 떠날 때를 염두에 두고 사역을 진행해야 한다. 이렇게 하려면 선교사는 토착 리더십을 양성하여 과정별로 현지인에게 권한을 위임하여 일할 수 있도록 배려해야 한다. 또한 토착 지도자들이 재정적인 자립과 사역의 자립에 대해 함께 의논하고 서로 돕는 과정을 통해서 완전히 위임하고 이양하는 단계로 나아가야 한다.

이 연구는 지난 15년 동안 토착교회인 어린양교회가 어떻게 자립적인 토착교회로 자리 잡아가고 있는가를 보여줌으로써, 이미 시작된 선교지 교회들이나 기관들과 또한 앞으로 개척될 교회들에게 조그만 실례를 보여주고자 하는데 중요성을 둔다.

연구 질문들

본 연구의 연구 질문은 다음과 같다.

첫째, 어린양교회는 어떤 시대적인 배경하에서 개척되었는가?

둘째, 어린양교회는 어떤 준비과정을 거쳐서 개척되었는가?

셋째, 어린양교회가 개척되기 위해서 어떤 선택을 하였고, 어떤 원칙과 방법을 가지고 개척을 진행하였는가?

넷째, 어린양교회가 토착교회로서 성장해 나가는데 어떤 선교방법론이 적용되었는가?

다섯째, 어린양교회는 토착교회로서 어떻게 성장해 나갔고, 어떻게 지도력이 이양시키고 출구로 나가는 준비를 하였는가?

연구의 방법과 범위

이 책은 김종진/장희수 선교사가 개척하여 지금도 목회하고 있는 몽골 울란바타르의 'Borohani Horga Choglan'(하나님의 어린양교회, 이하 어린양교회)의 개척과 성장과 목회사역을 중점적으로 다루게 된다.

'어린양교회'는 개척 초기부터 비교적 상세한 자료를 가지고 있다. 이는 김종진 선교사가 개설하고 운영하는 홈페이지(http://www.mongol91.com)의 자료실과 선교지 소식란 그리고 선교 발자취 등을 통해서 그동안 게시되었던 자료들을 참고하였다. 대부분의 교회 자료는 홈페이지를 통해서 그리고 선교 편지를 통해 공개된 것들을 근거로 하였다.

그리고 학문적인 연구들을 위한 통찰, 분석, 평가, 전망에 대해서는 아래에 기술된 저자의 저서들을 통해서 배운 것들을 근거로 어린양교회의 모습을 객관적으로 분석하려고 하였다.

도날드 맥가브란(Donald A. McGavran) 박사의 『교회성장이해』(*Understanding Church Growth*)와 『하나님의 선교전략』을 통해서는 동종집단과 선교지 접근법에 따른 방법론에 대해서 살펴보았다. 또한 존 네비우스(John L. Nevius) 박사의 저서인 *Planting and Development of Missionary Churches*를 통해서 토착교회를 이루기 위해 어린양교회에 적용되었던 원리를 조명하였다.

이 책은 풀러신학교의 선교학 박사 논문을 기초로 한 것이다.[1] 논문의 배경이 된 시기는 어린양교회가 개척된 2003년부터 2013년까지이다.

2003부터 2013년까지는 교회의 개척 시기로 선교사 주도 아래 선교가 시작된 시기로 볼 수 있다. 이때 현지 지도력을 양성해 나가면서 서서히 사역을 위임하여 훈련하고, 사역이 토착교회의 지도력으로 이양되어 나가는 자치 시기의 모습을 엿볼 수 있다.

그리고 7장에서는 2014년부터 2018년 교회의 온전한 자치 시기를 다루고 있는데, 또한 이 시기에 자치 시기를 거쳐서 자립 시기로 들어가는 과정을 다루었다.

---

1) 2014년 졸업, D. Min in Global Ministry.

이 연구는 몽골 전체의 토착교회 형성에 대한 경향과 현재의 상태 등에 대해서는 범위에 두지 않았기에 몽골 전체 교회를 설명하는 데에는 표준이 될 수 없음을 밝힌다.

요약

본 장에서는 본 연구의 서론으로 연구의 배경, 연구 목적, 연구 목표, 연구의 중요성, 핵심 연구 주제, 그리고 연구 질문들, 연구 방법과 범위에 관해 서술하였다.

다음 장에서는 몽골의 현대 선교역사를 간략하게 알아보고 몽골 선교의 시기를 분류하는 기준에 관해서 기술하도록 하겠다.

제2장

몽골 현대 선교역사

이 장에서는 몽골의 현대 선교역사에 대해서 언급한다. 몽골의 현대 선교역사에 대한 언급은 어린양교회가 개척되기 위한 시대적인 배경에 대한 설명이 된다.

1. 현대 몽골 선교 개관

몽골 현대 선교의 기점은 1989년으로 보고 있다. 몽골에는 1989년까지 단 한 명의 기독교인도 없었고, 선교 활동도 전혀 없는 것으로 보고되었다. 이런 상황에서 몽골 정부가 1989년 개방 정책을 시행하면서 자본주의 국가들이 공식적으로 몽골에 입국할 수 있는 기회가 주어졌고, 이런 시대적인 흐름이 기독교 선교가 시작될 수 있는 배경이 되었다.[1)]

미전도 종족이란[2)] 자기 종족 내부에 아주 적은 크리스천을 가진 종족

1) 몽골선교 15주년 기념 자료집, 몽골 한인선교사회, '현대선교역사', 이용규, 울란바타르, 2006:41.

2) An Unreached People Group;UPG.

을 일컫는다. 이 종족은 그들의 언어와 문화 그리고 세계관과 생활방식을 가지고 있다. 그들은 아마 복음을 들어본 적이 있을 수도 있다. 그렇지만 이들 중에서 아주 적은 사람들만이 크리스천이다. 그러므로 그들은 외부의 도움이 없이는 그 종족의 나머지 사람들을 복음화할 수 없는 사람들이다. 많은 선교단체가 미전도종족을 크리스천 비율로 정의 내리기도 한다. 그들은 일반적으로 종족 내에 크리스천 인구가 2% 미만일 때를 미전도종족이라고 정의를 내린다.[3)]

2019년 최신 연구에 따르면 몽골은 인구 내에 1.16%만이 크리스천이라고 밝혀진 전형적인 미전도종족으로 분류되고 있다.[4)]

몽골에 대한 근대 선교는 드문드문 진행되었으나 1924년 몽골이 사회주의 국가를 설립하면서 일체의 기독교 선교 활동이 중단되었다.[5)] 사회주의로 인한 선교의 공백기를 지나 1980년대 말 몽골 정부의 개방화 정책 이후 가장 활동적인 선교 활동을 한 사람은 영국인으로 몽골에 유학 생활을 했던 존 기븐슨(John Gibens)이다. 그는 1972년에 몽골 국립대학교에 유학생 신분으로 입국하여 몽골어를 배웠고, 일시 귀국했다가 1978년에 복학하였다. 1980년에 불법 종교 활동 혐의로 체포된 적도 있었고, 1987년에 영국에서 몽골인 알탕 체체크와 결혼하였다.[6)]

안교성[7)]은 1989년 이후의 몽골의 현대 선교는 1924년 이후에 중단된 선교의 재개로 보고 있다. 몽골은 과거 여러 차례에 걸쳐 선교가 이루

---

3) YWAM Frontier Missions South Asia © (2019), https://www.ywamfrontiermissions.com/unreached-people-groups/what-is-an-unreached-people-group-upg/

4) 이대학 외, 복음은 초원과 사막을 넘어, 서울: 홍성사 2018:55-56.

5) 이용규, 2006:41.

6) 이용규, 2006:41.

7) 현 장로교신학대학교 교회 역사학 교수, 전 몽골 선교사.

어져 왔다. 적어도 과거 네 차례에 걸쳐 선교가 이뤄졌다. 그런데 이전의 몽골 선교는 모두 몽골 토착교회 형성에 실패하였다. 그러나 1990년대 이후의 몽골의 현대 선교는 상당한 성과를 내고 있다. 이러한 몽골 현대 교회의 형성이 가능했던 것은 과거 교회들의 선교 헌신의 결과였고, 이러한 관점에서 볼 때 몽골 현대 선교는 선교의 재개로 보는 것이다.[8)]

몽골의 현대 선교는 몽골의 선교역사 중의 하나로 보아야 한다는 의견은 이용규도 그의 글에서 명시하고 있다.

> 몽골에서의 공산혁명 그리고 1948년 중국 공산화가 몽골 선교의 끝은 아니었다. 다수의 몽골 기독교인들은 홍콩과 대만으로 피난하여 그곳에 몽골인 교회를 세운다. 여전히 몽골인 디아스포라들을 중심으로 몽골인 교회가 존속했다…(중략) 즉 신앙의 그루터기들이 몽골 내에 존재했던 것이다. 이러한 면면히 흐르는 몽골에서의 기독교 역사 토대의 기초 위에 1990년대의 몽골 민주화에 힘입어 현재의 급성장하는 몽골교회가 생겨난다. 몽골 선교는 1992년도에 시작한 것이 아니다. 6세기 이래로 지속적으로 하나님은 이 민족을 불러오셨고 또 세계 선교를 위해 사용해 오셨던 것이다. 따라서 1990년대와 2000년대의 교회 부흥은 이러한 1400여 년간의 몽골의 기독교 역사라는 도도한 흐름의 틀 속에서 이해되어야 할 필요가 있다.[9)]

존 기븐슨이 몽골 선교역사에서 가장 큰 공헌으로 인정받는 것은 성경번역 사업과 초기 교회 개척 사역 분야이다. 그는 몽골 개방 이후에 몽

---

8) 대한 예수교 장로회 몽골 현지 선교회 편, 선교의 동반자 초원길을 복음의 길로, '몽골선교 20주년 기념백서', 안교성, '몽골 선교의 선교사적 위치와 중요성', 한들출판사, 2012:49.

9) 이용규, 2006:40.

골에 다시 들어와서 1990년에 세계성서공회(UBS)의 도움을 받아서 신약성경(Shin Geree)을 몽골어(키릴문자)[10]로 출판 인쇄하여 배포하였다. 1990년 6월 존 기븐슨, 알탕 체체크는 몽골어 신약성경 10,000부를 번역 출판하였다.[11]

한국 개신교 선교사들의 몽골 입국은 1991년부터 시작되었다. 몽골 현대 선교 연혁에서 공식적으로 몽골의 한인선교사 1호로 언급되는 시기는 1991년 9월로 보고 있다.[12]

> 9월 한인선교사로 최초 강영순(Korean Baptist Mission) 장기선교사로 몽골 입국

한국 기독교의 몽골 선교역사를 살펴보면 한인 장기선교사들이 몽골에 입국하기 전부터 한국 교회에 대한 선교 요청이나 단기팀의 방문과 사전 준비들이 이미 선행되어 오고 있음을 알 수 있다. 장기선교사가 몽골에 입국하기 1년 전인 1990년 11월에 서울 충현교회에서 개최된 KIMCH 국제 세미나[13]에 존 기븐슨이 참석하여 한국 교회에 선교활동을 요청하였다.[14]

---

10) 러시아 알파벳, 몽골은 1947년 몽골어를 표기하는 방법을 전통문자(Hoching Bichig)에서 러시아 알파벳을 차용하여 기록하기 시작하였다.

11) 대한예수교장로회 몽골 현지선교회 편, '몽골 선교 20년의 성과와 미래의 도전, 이대학, 2012:323. 또한 그는 몽골 최초의 몽골인 교회인 그리스도 교회를 개척하였고, 지방전도에도 열심을 내었다(이용규, 2006:41-42).

12) 대한예수교장로회 몽골 현지선교회 편, 선교의 동반자 초원길을 복음의 길로, 몽골선교 20주년 기념백서, 한들출판사, 2012:442.

13) Korean Institute for Mission & Church Renewal International

14) 대한예수교장로회 몽골 현지 선교회 편, 2012:442.

또한 1991년 2월에 홍콩에서 개최된 제1회 몽골 선교컨퍼런스(Inter-Dev)에 WEF, CCC, MTI, OMF, 월드컨선 등 선교단체와 다니엘렘, 존 기븐슨, 톰슨, 워런 윌리스 등 서양 선교사와 알타이, 볼뜨 바타르 등 몽골 현지 지도자, 그리고 한국 선교사 안교성, 윤순재, 신상남 등 40여 명이 참석하였다.[15)]

이 컨퍼런스에서 몽골 선교를 위하여 몇 가지 중요한 결의를 하였다.[16)]

첫째, ICC, JCS, 한인선교사회 등 전 선교기관들이 협조하여 선교 연합하자.

둘째, 선교사 자녀 교육을 위해 울란바타르시에 인터내셔널 스쿨을 설립하고 협력하자.

셋째, 더 많은 아시아 선교사를 몽골에 파송하도록 요청하자.

넷째, 성경번역 및 배포 활동에 적극 참여, 협조하자는 것이었다.

이 대회에 참석한 한국인 대표 3명은 후에 몽골 선교사로 헌신하여 몽골교회의 초기 기초를 놓는 일에 헌신하였다. 초기 한인 연합교회를 설립하였고 몽골어 성경을 번역 출판하는 사역을 하였고, 또한 대학교를 설립하여 수많은 청년을 양성하여 몽골의 사회와 교계에 크게 기여할 수 있는 계기를 만들어주었다.

안교성은 2006년도에 발간된 '몽골선교의 회고의 글'에서 '선교 동역의 관점에서 몽골 선교 15주년의 선교사적인 의미'를 세 가지로 정리하였다.[17)] 이 글에서 안교성은 몽골 선교가 진행된 15년 기간 동안 한국 선교가 몽골에서 진행한 사역들에 대한 선교적인 의미를 정리하였다.

---

15) 몽골 한인선교사회, 이용규, 2006:42.

16) 몽골 한인선교사회, 이용규, 2006:42.

17) 안교성, 2006:110.

첫째는 새로운 선교지인 몽골이 개방되자마자 한국 교회와 서구 교회가 동시에 미전도 종족인 몽골에 개척 선교를 시작하게 된 점을 들고 있다. 이전의 한국 선교는 서구 선교가 중심이 되어 판을 다 짜 놓은 뒤에, 한국 선교가 후발 주자로 참여하는 양상이었다.

1970년 이후에 시작된 한국 교회의 해외 선교는 일반적으로 이미 서구 교회가 100년 전부터 터를 잡아놓은 선교의 터전에 들어가는 양상이었다. 즉 교회가 이미 존재하고 있고, 성경과 찬송가가 이미 번역 출간되었고, 기독교 신학교나 성경학교를 통해서 현지 지도자가 양성되고 있으며, 기독교 대학이나, 기독교 연합기관들이 이미 자리를 잡은 지역들이었다. 이런 곳에 한국 교회의 해외 선교가 시작되었고, 수많은 선교사가 이런 곳에 후발 주자로 들어가서, 서양 교회의 선교를 배우고, 서양 교회가 자리 잡은 선교의 터전에서 선교 경험을 배울 수 있었다.

둘째로 이 시기는 몽골 선교에 있어서 한국 교회가 가장 선호하는 교회개척하는 선교를 진행할 수 있었다.

2006년도 몽골의 한인선교사회가 몽골 선교 15주년을 기념하여 발행한 자료에 의하면, 2006년 몽골의 수도인 울란바타르에 219개의 교회가 있는데, 그중에 140여 개의 교회가 한국 선교사들에 의해 개척되었거나 한국 선교사들이 세운 교회의 지교회의 형태로 설립되었다. 한국 선교사들이 몽골의 교회개척에 얼마나 큰 영향을 미치고 있는가를 알 수 있는 통계이다.[18)]

한국 교회의 해외 선교는 고전적인 선교 개념의 범주에 머물러 있다고 볼 수 있다. 아직도 한국의 많은 교회가 해외선교를 정의할 때에 가장 먼저 교회를 개척하는 것으로 생각하고 있기 때문이다. 이러한 한국 교

18) 이대학 외, 2018:106.

회의 교회개척 염원에 힘입어 몽골의 현대 선교 초기 15년 동안 대부분의 한국 선교사들이 교회를 개척하는 사역에 적극적으로 전념할 수 있었다. 또한 개방 이후 몽골은 자본주의 사회의 문물들을 전적으로 수용하는 시기에 기독교 복음에도 자유롭게 열려 있어서, 교회를 개척할 수 있는 여건이 조성되어 있었던 시기였다.

셋째로 한국 교회의 몽골 선교는 기독교 배경이 전혀 갖추어지지 않은 지역에서의 선교였다. 구공산권 선교는 지역에 따라 크게 두 가지 유형으로 구분할 수 있다. 기독교 배경이 있는 지역과 그렇지 않은 지역이다. 기독교 배경이 있는 경우는 기존 교회와 새로운 선교단체 간에 마찰과 압력이 생길 수 있었다. 그러나 몽골은 후자에 속하기 때문에, 기존 교회와 선교단체 간의 마찰이 없이 진행할 수 있었다.

미전도종족 국가로서 몽골은 왜 한국 선교의 왕성한 활동지가 되었는가?

2. 현대 몽골 선교 시기 구분의 예들

2021년이 되면 선교 30년을 맞는 몽골 현대 선교역사를 시기적으로 구분해 보는 것은 몽골 선교를 좀 더 조직적으로 바라볼 수 있는 안목을 제공할 수 있다. 그동안 몽골의 현대 선교 시기를 구분하여 선교적인 의미를 부여한 몇 번의 시도가 있었다.

대표적인 예가 안교성과 바트볼트[19]이다.

안교성은 그의 리포트에서 현대 몽골 선교를 세 시기로 구분하고 있

19) 몽골 아미드우그(생명의 말씀) 교회 담임목사.

다.[20] 이 부분은 한국 선교의 시작과 방향을 알 수 있기에 중요하다. 우선 그의 구분은 1989년 혹은 1991년 이후부터 2006년까지를 기준으로 하고 있다. 그는 개척 시기(1991-1995), 충원 시기(1996-2000), 그리고 다변화 시기로(2001~2006년) 나누고 있다.[21]

이런 구분은 2006년 한인선교사회에서 기념한 선교 15주년을 기점으로 기념 자료집을 만들었기 때문이다. 안교성은 각 기간마다 한국 선교의 중요한 사역들을 정리하였다.

· 제1기 개척 시기(1991-1995)[22]

1) 울란바타르 한인교회 사역을 들 수 있다. 연합의 상징으로 한인연합교회가 개척되었다.

2) 현지교회개척 사역을 들 수 있다.

3) 몽골성경 번역위원회(Mongolian Bible Translation Committee, MBTC) 사역을 들 수 있다.

· 제2기 충원 시기(1996-2000)

이 시기에는 초기 선교사들의 사역이 확장됨에 따라 기존의 선교단체의 신임선교사들이 계속해서 입국하였고, 새로운 선교단체의 선교사들도 입국하였다.[23] 이 시기는 또한 한몽간 직항기 개설, IMF 이후 한인사회의 성장, 선교 환경의 개선 등의 외부적인 조건의 변화와도 일치되는 시

20) 안교성, 2006:109.

21) 안교성이 분류한 현대 몽골 선교의 시기는 1989년 혹은 1991년부터 2006년까지의 15년을 세 시기로 분류하였다.

22) 안교성, 2006:111-112.

23) 안교성, 2006:113.

기였다. 이러한 결과로 인해 몽골은 선교의 오지가 아니라 장단기 선교의 최적지로 새롭게 부상하기 시작하였다. 이 시기에 동역의 관점에서 세 개의 기관이 설립되었다.[24)]

1) 1995년 9월, 몽골 연합성경훈련원(이하 성경훈련원)이 설립되었다.

2) 1998년 세계복음주의협의회 산하, 몽골복음주의협의회가 출범하였다.

3) 1998년 9월 한인 선교사 자녀 학교가 개교하였다.

참고로 안교성이 분석한 개척 시기와 충원 시기인 1990~2000년까지의 10년에 대해서 '티벳불교권 선교'의 저자인 마르꾸 제링(Marku Tsering)은 몽골교회가 빠른 성장을 보인 것을 네 가지 이유로 분석하고 있다.[25)]

첫째는 쉽게 접할 수 있고 읽을 수 있는 신약성경이 번역되고 출판되어 배포되었다.

둘째는 기독교인들이 상호 협력한 것과 기독교인들과 정부 사이의 협조가 있었다.

셋째는 교회 개척이 가장 중심 사역이었다는 점과

넷째는 지도자의 훈련을 강조한 점을 들고 있다.

· 제3기 다변화 시기(2001-2006)

이 시기는 선교 동역이 선교사들 간의 동역만이 아니라, 현지 교회지도자들과 선교사들 간의 동역으로 발전해 나가야 할 필요성이 부각되었

24) 안교성, 2006:114.

25) Marku Tsering, '티벳 불교권 선교(*Sharing Christ in the Tibetian Buddhist World*), 이상룡 역, 도서출판 NCD, 2003, 279.

던 시기였다.[26] 이 다변화 기간에 나타난 새로운 점은 이전의 선교를 바탕으로 새로운 선교를 할 수 있는 여건이 조성된 것이다. 이러한 여건이 조성된 이유는 다음과 같다.[27]

i) 입국과 정착 등 기본적인 생활 면에서 외국인, 특히 선교사가 현지에 적응할 수 있는 경험이 축적되었고, 또한 몽골인 역시 외국인, 특히 선교사를 상대하는 경험이 쌓이게 되었다.

ii) 몽골 선교가 한국 교회와 한국 선교에 있어서 지속적인 인기 있는 선교지가 되고 있다. 한국 교회가 원하는 개척선교가 가능할 뿐 아니라, 다른 선교지에 비해서 가시적인 결과들을 낳을 수 있었기 때문이다.

iii) 선교의 기본 하부 구조가 마련되어 그것에 기초하여 직접 사역에 뛰어들 수 있다는 점이다.

사실 안교성의 세 시기 구분은 닫힌 구조가 아니라, 지속되는 열린 구조 속에서 재해석되고 보강되어야 할 것이다. 왜냐하면, 세 시기로 구분한 시점이 몽골선교 15주년을 기념한 2006년까지를 기준으로 했기 때문이다. 이런 관점에서 볼 때, 앞에서 언급했던 바트볼트 목사가 현재 시점까지 세 시기로 구분한 것을 참고하면 좋을 것이다.[28]

바트볼트 목사는 1996년부터 2005년까지를 성장과 이양기로 보았는데, 이러한 분석은 몽골교회를 중심으로 지나치게 일찍 이양기를 설정한

---

26) 안교성, 2006:115.

27) 안교성, 2006:115.

28) 바트볼트 목사는 그의 특강 '몽골교회의 카이로스'에서 '몽골교회의 발자취'를 역시 세 시기로 분류한다. 1991년부터 1995년까지의 기간은 몽골교회의 형성기'로 그리고 1996~2005까지를 성장과 이양의 시기로 분류하고, 나아가서 2006년부터 현재까지를 성숙기로 본다. 대한예수교장로회 몽골 현지 선교회 편, 바트볼트, '몽골선교의 카이로스, 2012:432-434.

것으로 보인다. 몽골 지도자들에게 선교사나 선교 기관의 지도력 위임 과정이 빠져있고, 또한 재정적인 자립이나, 독자적으로 선교기관들을 운영하고 유지할 능력의 유무를 고려하지 않은 분석이라고 보인다. 독립적인 것은 좋으나 좀 더 신중한 태도와 과학적인 근거를 가지고 시기 구분을 함으로써, 선교에 참여하는 선교사들과의 협력을 고려하는 것이 필요하다고 본다.

몽골 현대 선교를 시기적으로 구분하는 것은 의미 있는 일이지만 진행 중인 일들에 대한 시기 구분은 열린 구조로서 시간이 지나면 재정의해야 하는 작업이 남을 수밖에 없다.

3. 지도력의 변화에 따른 선교 시기 구분

한 나라에 복음이 전달되어 토착교회와 선교기관들이 세워지고, 현지 지도자들이 양육되어 교회들과 선교기관들을 책임지고 지도해 나가는 전체과정을 지도력의 변화와 위임으로 바라보는 시각이 필요하다.

선교회와 현지 교회의 관계를 이해하기 위한 다양한 선교학적인 방법들이 제시되었다. 그중에서 해럴드 풀러(Harold Fuller)가 제시한 선교회와 현지 교회의 네 가지 발전 단계는 주목할 필요가 있다. 미전도종족에 복음을 전하는 선교회나 선교사들이 어떤 단계로 현지 교회와 지도자들과의 관계를 형성해 나갈 것인가에 대한 좋은 안목을 제시하는 이론이 될 수 있기 때문이다. 간단히 소개하면 이렇다.[29]

1단계 개척자(Pioneer): 신자는 한 명도 없고 선교사가 모든 일을 주도

29) Ralph D. Winter 외, Perspectives on the World Christian Movement 정옥배 외 역, 랄프윈터, '네 사람, 세 시대, 두 전환기: 현대선교', 도서출판 예수전도단, 2013; 557-558.

해야 한다.

2단계 부모(Parent): 새로 세워진 교회는 자라나는 어린아이와 같다. 선교사가 현지 교회지도자들을 훈련하는 단계이다.

3단계 협력자(Partner): 부모와 자식 관계에서 성인 대 성인 관계로의 전환이 필요한 단계이다. 선교사와 현지 지도자들이 대등한 관계에서 일하는 단계이다.

4단계 참여자(Participant): 완전히 성숙한 교회는 지도력을 떠맡는다. 선교사는 초청받을 때만 사역에 참여하는 단계이다.

기독교 대한 감리교회의 [교리와 장정]에 의하면, 미국 감리교회가 한국에 선교사를 보내서 선교를 시작한 시점부터 한국감리회를 형성하여 나가는 과정을 세 시기로 구분하여 정리하고 있다. 즉 선교사가 주도하는 시기와 그리고 선교사의 지도력을 위임하여 현지 교회 지도자들이 자치하는 시기, 그리고 지도력과 재정 그리고 사역의 자립을 이루는 자립 시기로 보는 시각이다.

이러한 구분이 미전도종족에 선교사가 복음을 전하고 토착교회나 토착선교기관이 자립하는 단계로 나아가는 과정을 이해하는 데에 좋은 이론적인 토대가 되리라고 생각한다.

선교지의 교회를 개척하여 자립으로 나아가는 과정을 세 시기로 구분하는 기준은 아래와 같다.

1) 선교사 주도 시기 - 선교부 선교 시기[30)]

한 나라에 복음이 전파되는 선교 초기에는 선교사들이 주도하여 교회

30) 교리와 장정, 기독교 대한감리회, 도서출판 KMC, 서울, 2017:19.

가 개척되고, 학교가 세워지고, 선교기관들이 세워졌다. 이 시기를 선교사 주도 시기로 본다. 예를 들어 한국 감리교회가 형성된 것은 1885년에[31] 미국 감리교회를 통해서 복음이 전달되면서 시작되었다. 이 시기는 1930년 한국에서 조선 기독교 감리회가 설립되는 시기까지 이어진다. 특이한 점은 미국 남북전쟁의 여파로 남북 감리교회로 나누어져 한국에서 선교하던 교회들이 한국에서 연합된 감리교회로 하나가 되었다는 것이다. 기독교 조선 감리회는 양주삼 총리사[32]를 선출하여 전체 한국감리교회의 지도자로 삼고 교회 조직을 갖추고 본격적으로 자치 시기로 들어갔다.

2) 자치 시기: 1930-1968

> 그리고 마침내 1930년 12월 2일 '기독교 조선 감리회' 창립총회가 서울에서 열려 초대 총리사로 양주삼 목사를 선출하고 한국 감리교회의 '자치교회시대'를 열었다.[33]

이 시기는 선교사 주도의 지도력을 현지 교회의 지도자에게 위임하여 동역하는 기간이다. 선교사들이 교회의 조직을 구성하고 자치할 수 있도록 준비를 시킨 기간이라고 볼 수 있다. 이 시기에 조선 감리교회의 특이한 점은 현지 교회 자치를 위한 지도력을 형성하기 위해서 의회들을 구성하였다는 것이다. 기독교 조선 감리교회는 모든 의회 구성을 평신도와 성직자 동수로 결정하여 평신도의 역할을 확대하였고, 여성 성직의 문호를

31) 미 북감리교회에서 파송한 아펜젤러가 입국한 1885년 4월 5일을 기준으로 삼는다.

32) 총리사는 현 감독회장이다.

33) 교리와 장정, 2017:23.

개방하여 1931년 연합연회에서 한국 최초로 여선교사 14명에게 목사 안수를 시행하였다.[34)]

이 자치의 시기는 비록 재정적으로는 아직 완전한 자립으로 들어가지 못하였으나, 토착교회의 지도자들이 지도력을 발휘하여 선교사와 더불어 정책을 결정하고, 책임지고 지도력을 발휘하여 교회를 이끌어갈 수 있게 된 기간이었다.

3) 자립 시기: 1968-현재

자립의 시기는 선교사들이 주도하던 시기에서 자치 시기를 거쳐 리더십과 재정 그리고 사역의 자립 등이 완전히 이루어진 단계를 말한다. 자립 시기는 교회나 선교 기관들에서 토착교회 지도자들이 주도적으로 리더십을 발휘하는 시기로 볼 수 있다.

기독교 대한 감리회는 1968년이 되면서 자립 시기로 전환하였다.[35)] 이것은 한국 감리교회가 그동안 선교사들에 의해서 주도되었고, 재정적으로 후원을 받던 시기를 지나서, 지도력과 더불어 재정적으로도 스스로 준비되어 독립적인 사역을 진행할 수 있는 시기가 되었음을 의미한다. 이 자립 시기는 받는 교회에서 주는 교회로, 또한 모이는 교회에서 흩어지는 교회로, 국내 선교와 세계 선교를 향해서도 선교의 자산들을 동원하여 선교의 재생산을 이루는 시기가 도래했음을 의미한다.

---

34) 교리와 장정, 2017:23.

35) 교리와 장정, 2017:25, 1968년 온양에서 개최된 한 · 미 선교정책협의회를 계기로 한 · 미 감리교회는 선교의 동반자 관계를 정립하게 되었다.

4. 몽골의 선교 시기 구분

지도력의 변화에 따른 시기 구분 방법을 몽골 현대교회에 적용해 보면, 선교와 현지 교회의 관계를 새로운 시각으로 바라볼 수 통찰력을 얻을 수 있다.

1) 선교사 주도 시기(1990-2011)

몽골의 현대 기독교 역사 속에서 선교사 주도 시기는 1991년도부터 2006년 선교 15주년이 되는 때까지로 볼 수 있다. 이 기간을 선교사 주도 시기로 본 이유는 이 시기에 몽골교회의 모든 기초적인 토대가 형성되었기 때문이다.

어떤 나라든지 선교 초기는 선교사 주도 시기의 과정을 지나가게 된다. 다른 나라와 마찬가지로 몽골도 선교사 주도 시기에 이루어진 주요사역들은 몽골 기독교의 기본 토대를 만드는 사역들이었다. 예를 들면 성경번역, 찬송가 편찬, 신학교의 설립 그리고 기독교 대학교의 설립, 기독교 방송국 설립, 기독교 연합기관들이 설립되었다.

특히 이 시기에는 선교사가 주도하던 사역들 안에 현지인 지도자들이 함께 동역하면서 선교기관들에 주도적인 역할을 하는 지도력이 형성되기 시작되었다. 이 시기에 괄목할 만한 일은 연합으로 진행하는 목사 안수식이었는데, 2002년 이후에 네 차례 진행된 안수식은 2차, 3차를 지나면서 자연스럽게 몽골교회가 주도적으로 이 일을 진행해 나가게 되었다. 그리고 이 시기에 또 중요한 일은 2009년도에 몽골에서 대표적인 교회지도자 양성기관인 UBTC신학교에 몽골인 교장이 임명되어 주도적으로 지도자들을 배출하는 일들이 진행된 것이다.

이 선교사 주도 시기에 일어난 대표적인 일들을 정리해 보았다.[36)]

1990. 6	존 기븐슨, 알탕체첵 몽골어 신약 1만 부 번역 출판
1991. 9	한국인 처음 선교사 입몽
1992. 4	울란바타르 성경학교 개교
. 1	에르트네트 예수교회 개척
. 10	울란바타르 국제대학교 전신인 울란바타르 한국어 학교 개교
. 11	정부와 종교 관계에 관한 법률 의회 통과
1994. 1	우르딩게게 교회에서 처음 찬송가 발간
. 7	연세친선병원 개원
1994. 11	몽골 법무부에서 기독교회 허가 시작
1995. 9	연합신학교(UBTC) 개교
1997. 11	몽골복음주의연맹 창립(MEA)
1998. 3	에르트네트 몽골 선교센터 창립
. 11	몽골 선교센터 몽골 최초 선교 컨퍼런스 개최
1999. 4	몽골 찬송가 협회(MCSC)에서 찬송가 발간(1만부)
2000. 2	몽골 성경번역위원회에서 구약 출판
. 7	신구약 완역 출간
2001. 5	몽골 가족 라디오(FM 104.5) 개국
2002. 5	연합 목사 안수식(5인 안수, 24인 인정 허입)
. 7	몽골 최초 선교사 렌칭 오치르를 부랴트로 파송
. 9	몽골 국제대학교 / 후레대학교 / 몽골침례교성경학교 개교
2003. 7	몽골 기독법률인협회 창립

36) 이대학 외, 2018: 49-50. 몽골교회 20년 주요사건 표에서 참고하였음.

.11	몽골 감리교성경학교 개교(MTBC)
2005. 5	제2회 연합 목사 안수식(12명 안수, 28명 인정 허입)
. 9	몽골 장로교신학교 개교
2006. 8	몽골교회 지도자대회의 20/10 비전 확정
. 8	몽골 선교 15주년 기념대회(몽골 한인선교사 연합회)
2008. 5	제3회 연합목사안수식(7인 안수, 39인 인정 허입)
2009. 2	연합신학교(UBTC) 최초 몽골인 교장 취임
2011. 5	몽골선교 20주년 기념대회
. 5	제4회 연합목사안수식(16인 안수, 41인 인정 허입)
. 6	아시아로잔대회 개최

선교사가 주도하던 이 시기에 나타난 주요한 특징은 많은 교회가 개척되었고, 교회들마다 교인들이 최고조로 많이 출석하여 부흥했던 시기였다. 물론 선교사 주도 시기라고 해서 모든 것을 선교사가 다했다는 것을 의미하는 것은 아니다. 초기 선교사들과 함께 동역하던 몽골 교회지도자들의 역할이 컸음을 부인할 수 없다. 다만 이때의 일들은 선교사들이 계획하고, 선교사에 의해서 지도력이 발휘되었고, 또한 선교사들이 사역들의 재정을 공급하던 기간이라는 의미이다.

선교사 주도 시기의 정점인 2010년도는 몽골 인구통계비율을 보면 기독교인이 가장 많았던 시기였다. 2010년 몽골 인구 2,761,000명에서 기독교 인구 57,848명으로 전체인구비율 2.10%에 이르렀다.[37] 또한 2011년 교회 개체수 통계를 보면 이 시기에 교회수가 600개로서 이전과 이후

37) 이대학 외, 2018:55.

를 보더라도 제일 교회수가 많던 시기이다.[38)]

2) 몽골교회 자치 시기(2011 - 2018 현재 진행형)

자치 시기에 대한 구분은 자립 시기로 넘어가기 전 단계를 의미한다. 그러므로 이 자치 시기는 현재 완성된 것이 아니라 열린 형태로 현재 진행중으로 볼 수 있다. 이 시기는 선교사와 현지 교회 그리고 선교 기관의 지도력이 혼재해서 나타나는 시기이다. 개별적인 교회들이나 사역들에서는 자치를 넘어서 자립의 단계에 접어든 경우도 있다. 이미 선교사가 개척한 교회들이 이양을 하여 자치와 자립의 단계로 들어간 교회도 있다. 그러나 일반적인 구분으로 볼 때 몽골교회는 지금 자치 시기를 지나가고 있다.

2011년 이후 자치 시기로 넘어간 몽골교회는 침체기로 접어들게 된다. 2017년 몽골 교인수 통계에 따르면 36,240명으로 전체 인구비율 1.16%에 그쳤다.[39)] 통계를 통해서 볼 때 7년 동안 평균 매년 3,000명 정도의 교인들의 수가 감소하였다. 2015년 교회수는 자료를 보면 교회수가 525개로 2010년에 대비하여 줄어들었다. 그리고 2017년 자료에는 교회수가 554개로 조금 늘어난 것으로 보고되고 있다.

2019년도에 발간한 OMF International에서 발간한 몽골교회의 성장에 관한 리포트에 따르면, 2016년도 리서치를 인용하면서 외국 선교사들에 의해서 개종한 기독교인 비율이 몽골의 목사나 전도자들에 의해서 개종한 사람들보다 4배나 더 많다고 보고되고 있다.[40)]

---

38) 이대학 외, 2018:53.

39) 이대학 외, 2018:55-56.

40) OMF International, Christian Church Growth in Mongolia Research Report,

위 리포터에 따르면 몽골 크리스천 사역자들은 42%가 외국인 선교사들을 통해서 영향을 받아서 개종을 하였고, 30%의 평신도들도 외국인 선교사들을 통해서 기독교인이 되었다고 보고하고 있다.[41] 자치 시기를 지나는 몽골교회에 아직도 많은 기독교인이나 교회지도자들이 외국 선교사에게 큰 영향을 받고 있고, 개종하는 비율이 높은 것으로 나타나고 있다. 즉 자치 시기이지만 여전히 선교사 주도의 영향이 혼재하는 기간이라고 볼 수 있다. 몽골 기독교 선교에 있어서 외국인 선교사들에 의해서 주도된 초기 시기부터 자치 시기에도 여전히 많은 몽골 기독교 지도자들과 교인들이 선교사들에게 영향을 받고 있는 것이다.

선교사 주도 시기에 설립된 교회들과 선교기관 및 학교 등이 자치 시기로 넘어오면서 리더십이 이양되는 과정을 거치고 있다. 이 시기에 몽골교회의 특이한 점은 교회수와 교인들의 수가 침체기로 들어갔다는 것이다. 선교사들이 주도하던 시기가 끝나고 자생적인 리더십으로 넘어가는 과정이라고 볼 수 있다. 자치 시기에 교회의 침체가 나타나는 원인에 대한 여러 가지 분석들이 존재한다.

그러나 자치 시기가 선교사 주도 시기와 자립 시기로 넘어가는 중간기에 존재하는 과정으로 볼 때, 선교사로부터 지도력을 위임받았으나, 재정적으로 사역적으로 자립으로 넘어가지 못하는 과정에서 일어나는 현상으로도 볼 수 있다. 2011년 이후에 교회와 교인의 침체 원인에 대해서 경제적인 부분에 초점을 맞춘 분석이 존재하는 이유이다.

2015년에 실시한 몽골복음주의연맹(MEA)과 One Challenge International의 리포트를 비교해 보면, 교회의 수가 감소한 이유에 대해서 몇 가지 이유

Ulaanbaatar:2019:25.

41) OMF, 2019:24.

를 말하고 있다. 하나는 리더십이 약한 교회들이 문을 닫거나 둘째는 작은 교회들이 다른 큰 교회들과 합치는 결과라고 보고 있다.[42)]

교회의 수가 감소한 원인 중에는 경제적인 이유도 있다. 재정적인 어려움으로 지방에 있는 교회들 가운데 목회자들이 떠나거나, 문을 닫는 교회들이 생겨나고 있다. 그리고 선교사들이나 교회들이 지금까지 많은 교회를 세우기는 하였지만, 세워진 교회와 목회자들을 돌보는 일에는 상대적으로 관심이 부족함으로 나타난 결과로도 볼 수 있다.[43)]

자치 시기인 현재에도 여전히 선교사 주도의 사역들이 도처에서 진행되고 있고, 또한 자립의 과정에 안착한 교회와 선교기관들도 생겨나고 있다. 이러한 이유는 사역의 시작점이 다르고 또한 선교사역에 대한 철학의 차이 때문에 나타나는 현상이라고 볼 수 있다.

3) 몽골교회 자립 시기

몽골교회의 자립 시기가 빨리 오기를 바라는 것은 모든 이들이 가지는 소망이다. 이 자립 시기는 몽골교회가 건강한 지도력과 조직을 형성하고 교회나 선교기관이 재정의 자립을 이루고 또한 사역을 독립적으로 진행시켜 나갈 때 이루어질 수 있다. 또한 피선교지로 복음의 빚을 진 몽골교회가 복음의 재생산을 이루는 단계에까지 이르게 될 때 성취될 수 있다.

1990년도에 구소련연방이 해체되면서 개방된 대표적인 미전도종족으로 세계에 알려진 나라 몽골, 현대 선교역사 30년 동안에 하나님께서 이 땅에 이루신 놀라운 일들을 보면서 감사하는 마음이 가득하다. 선교사들의 땀과 수고가 몽골교회의 양분이 되어, 건강한 교회지도자들이 자라나

42) OMF International, 2019:8.

43) 이대학 외, 2018:53.

서 자치의 시기를 이끌고 있으면, 곧 자립을 통한 국내 선교 그리고 세계 선교에 동참하는 날이 속히 오기를 바란다.

5. 몽골교회와 교인 현황[44]

1) 교인수

2011년 9월에 있었던 몽골 기독교 복음 전래 20주년 행사를 전후해서 몽골복음주의연맹(MEA)[45]에서 발표한 자료에 의하면 '2010 비전'을 이루기 위해서 아래와 같은 자료를 내놓았다.

이 자료를 보면 2011년 전후로 몽골 기독교 현황에 대한 기본적인 정보를 엿볼 수 있다. 1990년에 4명에 불과하던 기독교인이 2006년에 40,000명이 되었고, 2011년 몽골 기독교 전래 20주년이 되었을 때는 전국적으로 600개 교회에 전체 인구의 3.5%인 94,000명이 되었다.[46]

그리고 현재 몽골복음주의연맹에서는 2020년까지 '전 인구의 10%를 그리스도에게'라는 '20/10 선교비전'을 발표하고 이 일을 이루기 위해 다각적인 노력을 하고 있다. 인구 통계청의 증가 추세에 따른 앞으로 10년 뒤의 2020년에는 몽골 인구가 3,414,000명이 될 것으로 전망하고 있다.

44) 이 단락은 대한예수교장로회 몽골 현지선교회 편, 몽골선교 20주년 기념백서, '초원길을 복음의 길로'에 실린 김종진, '몽골에서의 교회개척과 향후 과제', 308-309에서 인용한 것이다.

45) Mongolian Evangelical Alliance

46) 2011년 몽골 기독교 연합회(MEA)

1990년 4명의 그리스도인

2006년도 통계

40,000명의 기독교인

350 교회

인구대비 기독교인 1.42%

⇨ 2011년 600개 교회/94,000명의 기독교인/기독교인 비율 3.5%

그렇다면 2020년, 인구의 10%가 주께로 인도된다고 볼 때, 약 341,400명이 기독교인이 된다는 의미이다.

2020년에

3,400개 교회

4,000명의 목사

20,000명의 지도자 + 10,000명의 사회에 영향력을 미치는 사람

300,000명의 제자들

⇨ 몽골 인구의 9-10%를 제자화한다.

11명의 '20/10 비전' 위원들이 활동하고 있고, 또한 몽골의 대표적인 교회 중의 하나인 아미드우그(생명의 말씀) 교회는 이 '20/10 비전'을 실현화하기 위해서 앞으로 10년 동안 400개 교회를 개척한다는 계획을 가지고 있다. 모든 몽골교회가 이 목적을 가지고 10년 동안 다각적인 노력을 하게 될 것이다.

2018년 현재 몽골교회와 교인수의 변화는 MEA에서 전망한 것과는 많은 차이가 있다. 우선은 비전 '20/10'의 프로젝트가 현실적으로 불가능한 목표가 되었고, 그 기간 동안에 몽골의 기독교에 많은 변화가 일어났다.

위의 MEA에서 나온 통계에 의하면 2006년도에 몽골에는 350개 교회에 40,000명의 기독교인이 있고, 2011년도에는 600개 교회 94,000명의 교인이 있다고 보고하고 있다.

그런데 2010년 몽골 인구 조사 결과에 따르면 15세 이상 인구 1,905,696명 중 종교별 신자 수 중에 기독교 인구는 41,117명으로 백분율로는 2.1%이다.[47)]

2010년 전후에 나온 몽골 인구통계 자료와 MEA의 교인수 통계 자료는 현격한 차이를 보이고 있다. 이에 필자는 2013년도에 이웰링후레교회 쉔 바이라 목사에게 이 이유에 대해서 MEA의 입장을 물어보아서 답변을 듣게 되었다.

우선은 2010년도의 교회 통계와 몽골 인구통계자료의 차이는 15세 이상과 미만의 사람들에 대한 통계 유무의 차이가 있다는 것이다. 몽골 인구통계는 종교 인구를 계산할 때에 기본적으로 15세 이상의 사람들을 대상으로 한다는 것이다. 즉 몽골 인구통계는 15세 미만 아동들의 수가 포함되어 있지 않고, 교회 통계는 15세 미만 아동들의 수가 교인수에 포함된 것이라는 것이다. 그리고 두 번째 이유는 교인 재적수에 대한 통계를 교회는 실제 수로 잡았다는 설명이다.

아래 통계를 보아서 2011년 이후로 교회수뿐 아니라, 몽골의 교인수가 서서히 감소하는 것과도 관련이 있을 수 있다. 왜냐하면 2010년 전에는 교회 출석을 하던 사람들이 2010년 이후로 교회 출석을 하지 않은 통계와도 관련이 있다.

47) 이대학 외, 복음은 초원과 사막을 넘어, 홍성사, 2018:31-32. 몽골 통계청 2010 인구 통계조사 결과보고서, p.34. www.toollogo2010.mn

〈표 1〉 몽골 기독교인수 현황[48)]

연도	~1990	1998	2000	2004	2006	2010	2017
인구		2,387,000	2,420,500	2,475,400	2,533,100	2,761,000	3,119,935
기독교인	0	7,400	12,373	21,588	42,836	57,848	36,240
백분율	0	0.30	0.30	0.51	1.69	2.10	1.16

위의 통계를 보면 2017년 현재, 몽골 기독교 신자는 36,240명으로 전체 몽골 인구 3,119,935명 중 1.16%에 해당한다. 몽골 현대 선교가 시작된 1990년부터 2016년 말까지 몽골 기독교인의 수를 살펴보면 2010년 이후부터 기독교인이 서서히 감소하고 있는 경향을 보이고 있다.

2) 몽골의 교회수[49)]

2015년 말 현재 몽골에는 전국적으로 525개의 교회가 있다. 전체 교회의 약 43%인 228개 교회는 수도 울란바타르에 있으며, 나머지 57%는 21개 지방에 흩어져 있다.[50)]

몽골 현대 선교가 시작된 후 25년간 몽골교회 수의 변화는 아래 표와 같다.[51)]

---

48) 이대학 외, 2018:55-56.

49) 이대학 외, 2018:53.

50) 이대학 외, 2018:50-51.

51) 이대학 외, 2018:53, (동저자의 주)몽골복음주의연맹, 몽골기독교회와 단체 연구조사결과 - 2015 몽골 전국적 상황, 2015, 울란바타르. P. 8. 본 조사는 2013년부터 몽골복음주의연맹이 미국의 'One Challenge'를 비롯한 단체들의 후원을 받아 전국적으로 조사한 것이며, 몽골 전체 기독교회와 단체의 90%가 연구조사 참여하였다.

〈표 2〉 교회수 현황

연도	1990	1993	1996	2000	2004	2006	2011	2015
교회수	1	19	59	132	220	484	600	525

2011년을 정점으로 몽골교회의 수와 교인수는 감소세로 돌아섰다. 이러한 결과에 대한 다양한 평가들이 있을 수 있다.

첫째는 몽골의 종교 상황이 사회 정치적인 영향을 받기 시작한 것이다. 직접적으로 나타난 것이 선교사들의 종교 활동의 자유가 점점 좁아졌다는 것이다. 2008년 이후로 몽골에 거주하는 외국인의 활동이 비자 목적 안으로 제한되기 시작했다. 그 이전에는 선교사들이 학생, 교수, NGO 등 다양한 비자를 받고도 교회개척 사역을 진행할 수 있었다. 그리고 2015년 이후로는 종교 비자를 받기 위해서는 초청 기관 즉 교회나 선교단체에 몽골인 5명 이상을 고용해야 하고, 또한 몽골인 2명의 최저임금을 매월 납부하는 법이 시행되기 시작하였다. 그리하여 종교 비자나 종교 NGO 활동을 위해서 보다 높은 재정부담이 생기게 되었다.

나아가서 2018년 12월에는 종교 비자를 받기 위해서는 교회에 21명의 일꾼을 고용한다는 법령이 선포되기도 하였다.

그러므로 선교사들의 추방과 선교 활동의 위축으로 자립의 단계에 올라가지 못한 교회들에게는 교인 감소의 원인으로 작용할 수 있다고 보는 것이다.

둘째는 경제, 사회문화적인 요인이 작용하였다.

현대 선교 초기에는 교회가 다양한 사회문화적인 흥미 유발 요소들을 통해서 사람들을 교회에 이끌어서 전도 활동을 할 수 있었다. 그런데 사회가 발전해 나가면서 이제는 교회가 담당하던 여러 가지 활동들을 사회 각 교육기관과 다양한 문화적인 주체들이 담당하는 사회가 되었다. 이제는 교회가 담당하던 다양한 사역들을 각 학교에서 다양한 NGO 단체에서 주최하게 되면서 청소년, 청년들이 교회에서 떠나게 되는 요인이 되었다. 이것은 교회가 지난 25년 동안 사회 변화를 적극적으로 반영하지 못한 결과로도 볼 수 있다.

일례로 어린양교회가 2007년부터 진행한 '사랑의 학교'(토요빈민학교)는 2018년 12월에 정식으로 문을 닫게 되었다. 지난 11년 동안 수백 명의 빈민 아이들과 학업을 따라가지 못하는 아이들의 보조 교육을 책임지던 '사랑의 학교'를 지속할 동기를 발견하지 못한 것이다. 이미 많은 부분에서 초기의 가난과 학업 미진 등의 요인들이 사라졌기 때문이다.

셋째 요인은 교회 자체의 요인이라고 볼 수 있다.

주체적이지 못한 복음전파와 외국 선교기관에 의존된 국내 선교 때문에 몽골 복음화가 감소된다고 보는 관점이다. 의존된 교회들이 주체적으로 복음을 전한다는 것은 쉽지 않다. 즉 자립하지 못하는 교회들이 가지고 있는 한계가 교인 감소에 원인으로 작용하는 것으로 볼 수 있다. 그러므로 교인 감소는 그동안 선교사들과 해외 선교기관들이 현장에서 물러나면서 거품이 줄어들면서 나타나는 실제 교회의 모습이라고 볼 수 있다.

2018년도에 발간된 『복음은 초원과 사막을 넘어서』란 책은 몽골 선교사 4명이 기록한 책인데 이 책에서는 몽골교회의 감소 원인을 분석하고 있다. 이 중에 특이한 것은 지방에 있는 교회들이 재정적인 어려움으로 문을 닫기도 하고, 또한 자생력이 약한 교회들이 서로 합치는 경우를 늘고 있다. 이런 이유로 교회의 개체수가 줄어들고 있다고 분석하고 있다.[52]

52) 이대학 외, 2018:53.

6. 요약

본 장에서는 본 연구의 기초가 되는 몽골의 현대 선교에 대해서 언급하였다. 또한 몽골 현대 선교를 시간적인 흐름으로 분류하지 않고, 지도력의 위임과 지도력의 형태를 따라 구분하여 보았다. 그리고 몽골 현대 선교사 진행된 지난 30년간의 교회수와 교인수의 변화추이를 설명하였다.

다음 장에서는 미전도종족의 교회개척 실제 사례인 몽골 하나님의 어린양교회 개척준비기와 자세한 준비에 관해서 기술할 것이다.

제3장

개척 준비:
선교사 주도 시기

이 장에서는 토착교회의 개척을 위해 준비해 온 것들에 대해서 언급한다. 이 시기는 선교사 주도 시기로서 한국 교회와 선교사가 어떻게 교회 설립을 계획하고 준비했는지를 엿볼 수 있다. 초기 개척교회를 설립하기 위해 어떤 목적과 목표를 설정했는지에 대해서 언급한다. 또한 토착교회인 어린양교회가 자리 잡고 있는 몽골의 수도 울란바타르가 도시임을 염두에 두고 도시선교의 특성들에 대해서 다룬다.

1. 개척 준비기

김종진 선교사는 2002년 4월에 파송예배를 드리고, 5월에 몽골에 입국하여 2002년 10월에 교회 대지 구매를 마치고 2003년 3월부터 교회건축을 시작하였다. 이 기간에 가정교사를 통해서 몽골어를 배우고, 주일에는 울란바타르 한인교회[1]에서 아동부 담당 목사로 협력 사역을 하며(1

1) 몽골 최초 한인 초교파 연합교회로 1993년 개척되었다. 초대 목사는 안교성(현재 장신대 교수) 선교사였고, 2000년부터 현재까지 안광표 선교사가 담임으로 섬기고 있다.

년), 신설되는 후레대학교[2]에서 상담실장과 교수로서 사역을 감당하였다. 이 기간은 언어와 문화적응 훈련을 하는 기간이었지만 적극적으로 사역에 참여할 수 있었던 것은 몽골에 입국하기 전에 11년간의 목회 경험이 큰 도움이 되었기 때문이다. 몽골에서 교회개척사역을 하면서 한국에서의 목회 경험이 몽골의 사역을 위해 하나님께서 준비하신 과정임을 알게 되었다. 한국에서 교회개척을 하면서 대지를 구입하고 건축을 하고 사람들을 양육하고 돌보던 일들이 몽골에서 그대로 사역의 기초 경험으로 사용되었다.

김종진 선교사는 몽골에 선교사로 들어가기 전 7년 6개월 동안 한국 충청남도 서산시 음암면에서 음암교회를 개척하여 목회한 경험을 가지고 있었다.[3] 이러한 개척 목회의 경험이 몽골에서 교회를 개척하여 섬기는데 큰 도움이 되었고, 실수를 줄이고 효율적인 목회를 통해 교회의 기초를 놓을 수 있는 바탕이 되었다. 이후 3년 4개월간의 부목사 훈련과정을 통해서 중형 교회의 조직과 운영에 대한 것을 배운 것 또한 교회를 형성하고 지도하는 데에 큰 도움이 되었다.

그리고 부목사 경험 중에는 1기 파송 교회인 송천교회의 1년 조금 넘는 기간이 포함되는데, 이때 선교사 후보자의 가정을 사랑해주시고 기도해 주신 송천교회의 후원은 우리 가족이 몽골에서 사역하는데 큰 밑거름과 힘이 되었다.

이러한 목회적인 바탕을 가지고 몽골 선교사로 파송되기 전에 '하나님의 어린양교회 설립에 관한 기본적인 청사진'을 마련할 수 있었다. 이

2) 2002년 몽골의 정보통신 분야의 발전을 위해 개교한 학교로써, 김영권 박사가 초대 총장으로, 1기 2기를 보냈고, 2011년부터 3대 정순훈 박사가 총장으로 섬기고 있다. 현재 학부에 15개 과, 대학권에 3개 과에 1,300명 정도의 학생들이 재학 중이다.

3) 1991. 6-1998. 12.

청사진을 바탕으로 지난 15년 동안[4] 몽골에서의 교회개척 선교를 감당해 왔다. 2002년 초기에 작성한 선교지 교회 설립안은 한국에서 교회개척 경험과 두 번의 부목사 경험, 그리고 선교 훈련을 통해서 배우고 준비했던 부분들과 몽골에 대한 정보 등을 접하면서 이런 목회를 해야겠다는 나름대로의 경험을 바탕으로 준비한 것이다.

초기의 개척교회 설립 안이기 때문에 그대로 일이 추진되어 온 것도 있고, 사역 과정에서 아직 추진되지 않은 사역도 있고, 또한 예측하지 못했지만, 하나님께서 준비하셔서 시작하게 된 새로운 일들도 있다. 어쨌든 부족하지만 기도하면서 준비한 교회 설립안을 통해서도 하나님께서 이루신 일들을 바라보면서 감사하고 있다. 이처럼 교회 설립은 건물의 설계도처럼 사전에 준비된 청사진이 반드시 필요하다는 것을 알게 되었다.

물론 처음 가진 청사진대로 100% 진행되지는 않았고, 때로는 하나님의 특별하신 인도하심으로 새로운 일들을 진행해 오는 사역도 있었다. 하지만 분명한 것은 처음 가진 뼈대가 있었기에 본질에서 벗어나지 않고 원래의 목적과 목표를 확실하게 붙들고 방황하지 않을 수 있었다. 목적과 목표를 성취하는 방법에 대한 부분은 때로는 상황에 따라 보완하고 개선하고 추가하는 일을 하였다.

4) 1기: 2002. 4~2008.7, 2기: 2008. 8 ~ 2013. 12 현재.

〈표 3〉 하나님의 어린양교회 설립안(2003)

하나님의 어린양교회 설립안

주제 성구: "보라 세상 죄를 지고 가는 하나님의 어린양이로다"(요 1:29)

설립 목적: 하나님의 어린양교회는 몽골에 하나님 나라를 확장하여 중앙아시아 미전도 종족의 선교 교두보가 되고, 복음으로 국가의 미래를 책임질 사람을 양성하고, 지역사회에 봉사하는 교회가 된다.

설립 예정지: 몽골공화국 울란바타르

설립 예정 시기: 2002년 10월~2003년 1월경(대지)

설립 목표:

1. 하나님 나라 확장

교회개척

교회 설립

2. 인재양성

제자 양육 - 교회지도자 양성

성경학원 - local church pastor 양성기관

신 학교 - 정회원 목사를 위한 양성기관

학원선교지원 - 중등 과정(1~10학년), 대학 과정

장학제도확립

3. 지역사회봉사 - 종합사회복지기관설립

어린양 청소년 찬양단

베들레헴 사랑의 빵 선교회 - 빈민구제

아굴라 장막 선교회 - 빈민주택건축 및 수리

디모데 교육선교회 - 유치원

시므온&안나 노인선교회(눅 2:25, 36)

오네시모 교도소선교회(몬 1:10)

누가의료선교회구성 -

술람미 미용선교회 구성 -

다비다 선교회(행 9:36) - 홀로된 부인가정돕기

2. 설립 목적과 목표

어린양교회의 설립 목적과 목표를 분명히 한 것은 교회가 세워진 이후에 교회의 방향과 원칙을 잊어버리지 않게 한 중요한 설정이었다. 중요한 결정을 하거나 새로운 비전을 향해 나아갈 때에 설립 목적과 목표는 시간과 자원의 낭비를 막아주는 긍정적인 역할을 해 주었다.

· 설립 목적

초창기에 기록한 하나님의 어린양교회 비전 선언 즉 설립 목적은 아래와 같다.

하나님의 어린양교회는 몽골에 하나님 나라를 확장하여 몽골 국내와 해외에 거주하는 몽골족 선교를 통해 중앙아시아 미전도종족에게 복음을 전하고, 복음으로 국가의 미래를 책임질 경건하고 실력 있는 신앙인을 양성하고, 지역사회에 빛과 소금의 역할을 감당하는 섬기는 교회가 된다.

즉 세 가지 큰 틀로 설립 목적을 정리할 수 있다.

1) 하나님 나라 확장

2) 인재양성

3) 지역사회 봉사

〈표 4〉 교회의 설립 목적

· 설립 목표

i) 몽골인들을 위한 교회 설립

ii) 지역을 기반으로 하는 지역교회 설립

iii) 복음의 재생산을 이루는 교회(몽골 국내 교회개척 및 해외 선교)

3. 교회개척과 도시선교

어린양교회의 개척은 몽골의 수도인 울란바타르시 동쪽에 위치한 지역적인 특성을 가진다. 즉 도시선교의 테두리 안에서 교회개척을 한다는 기본적인 바탕을 가지고 있었다. 그러므로 교회개척과 도시선교의 방법론을 고려하였다.

· 교회개척

선교의 목표는 모든 문화의 모든 공동체 속에 참으로 토착화된 교회를 가지는 것이다. 그 일이 일어날 때, 그리고 그 일이 일어날 때만이 우리는 복음이 모든 족속에게 전파되었다고 확신할 수 있다.[5)]

왜 교회를 개척해야 하는가? 교회성장학의 대가인 피터 와그너(C. Peter Wagner) 박사는 '세상에서 가장 효과적이고 단일한 전도 방법은 새로운 교회들을 개척하는 것이다'라고 주장했다.[6)] 하나님께서는 하나님의 교회를 세상에 개척하여 영혼을 구원하는 일을 가장 기뻐하신다. 기독교 역사를 통해서 볼 때, 기독교는 단지 개개인을 통해 확장되지 않았고, 교회를 통해 확장되었다. 그러므로 하나님의 전략은 그리스도의 몸이라고 불리는 교회였다.[7)]

그리스도인들은 주님의 대사명을 이루기 위한 가장 효과적인 전략으로 교회를 세우기 위해 곳곳으로 나아갔고, 새롭게 세워진 교회는 지역사회로 복음을 전파하는 강력한 중심이 되었다. 그리고 새롭게 세워진 교회의 그리스도인들은 또 다른 교회를 개척해 나가기 시작했다.[8)]

교회개척이 반드시 필요한 이유에 대해서 박기호 박사는 네 가지로 설명하고 있다.[9)]

첫째, 교회 개척은 주님께서 원하시는 일(마 16:16)이고,

둘째, 지상에서 유일한 하나님 나라의 대리 기관(마 16:18)이고

---

5) 박기호, 타문화권 교회개척, *Cross - Cultural CHURCH PLANTING*, 개혁주의 신행협회, 2005: 들어가는 말, 도널드 맥가브란 재인용.

6) 박기호, 2005:들어가는 말.

7) 엡 1:22-23, 22 또 만물을 그 발아래 복종하게 하시고 그를 만물 위에 교회의 머리로 주셨느니라 23 교회는 그의 몸이니 만물 안에서 만물을 충만케 하시는 자의 충만이니라

8) Elmer Towns and Douglas Porter, 사도행전식 교회개척(*CHURCHES THAT MULTIPLE*), 김재권 역, 생명의말씀사, 2005:29).

9) 박기호, 2005:54-56.

셋째, 하나님께서 세상에서 일하는 도구(엡 1:23)이고

마지막으로 대위임령 성취를 위한 가장 효과적인 방법이기 때문이다.

필자는 몽골선교사로 파송받아 입국하기 전부터 교회개척의 사명을 가지고 있었다. 교회개척은 '하나님께서 가장 기뻐하시는 일이다'란 확신과 교회개척의 전문인 사역자란 의식을 가지고 교회개척에 임하였다. 그래서 개척을 위한 사전 준비를 할 수 있었다.

피터 와그너는 "복음전파에 관해 쓰인 대부분의 책들은(아마 98% 정도) 전도 방법으로서 교회개척만큼 좋은 것은 없다"라고 말하고 있다.[10] 또한 찰스 체이니(Charles L. Chaney)는 "한 지역에서 새로운 교회들을 개척하는 것보다 불신자들을 그리스도에게 인도하는데 더 실제적이고 경제적으로 효과적인 방법은 없다"라고 말하였다

챨스브룩은 교회개척을 위한 장소를 선택하는 데 주의 깊게 지역 조사를 하는 것을 위해서 일반적인 기준에 대해서 언급하고 있다.[11]

1) 자연적인 경계를 살펴보라

2) 인구 밀집 지역인가?

3) 산업시설, 무역, 상가, 농장 지역인가?

4) 사람들의 경제적인 수준은 어떠한가?

5) 인종 그룹의 크기, 종류 그리고 언어는 어떠한가?

6) 이 지역의 주된 종교는 무엇인가?

7) 이 지역에서 종교 시설이 없는 지역은 어디인가?

---

10) Wagner, C. Peter, 성서적 교회성장(*Church Growth and The Whole Gospel*), 서정운 역, 서울: 대한기독교출판사, 1984:11.

11) Brock, Charles, *Indigenous Church Planting*, Missouri: Church Growth International, 1994, 102.

· 도시선교

> 세계가 더욱 도시화 되고 있다. 1900년까지만 해도 세계 인구 가운데 도시 지역에 사는 사람들은 9%에 지나지 않았다. 그러나 1950년에 이르러 그 수치가 29%로 증가하더니, 급기야 1990년에 가서는 45%에 도달했다. 또 현재의 추세가 계속된다면, 2000년에 이르러서는 인류 역사상 최초로 세계 인구의 50% 이상(약 32억)이 도시 지역에 살게 될 것이다. 게다가 2025년에는 그 수치가 65%에 육박할 것으로 전망된다. 1990년과 2000년 사이에 도시 거주자들의 수는 8억이 증가할 것이며, 2025년에 가서는 1990년보다 31억이 증가한 55억의 인구가 도시 지역에서 살 것으로 예상된다.[12)]

대부분 제3세계 도시들의 공통적인 특징은 그것들이 '종주 도시'(primate city)라는 것이다. 종주 도시는 한 국가에서 한 주요 도시가 다른 도시들보다 엄청나게 큰 도시를 말한다.[13)]

· 도시선교의 의미

21세기의 선교의 승부는 도시에서 판가름 날 것이다.[14)] 만약 우리가 도시를 복음화하지 못한다면 미래의 기독교는 주변 세력으로 전락할 것이다.[15)] 바로 여기에 도시선교의 역사적 중요성이 있는 것이다. 성경은

---

12) 한화룡, 도시선교, IVP, 1997, 21. 재인용, "World Urbanization Prospects 1990" : United Nations, 1991). pp. 2, 106-107, 재인용.

13) 한화룡, 1997:46.

14) 한화룡, 1997:64, 재인용, James A. Scherer, Gospel, Church and Kingdom (Minneapolis: Augsburg, 1987), p. 47.

15) 한화룡, 1997:64-65, 재인용, Paul Hiebert, "World Trend and Their Implications

동산에서 시작하지만, 도시로 끝난다. 성경은 가인이 지은 도시로 시작하지만, 그리스도가 다스리시는 도시로 끝나는 것이다.[16)]

도시의 복음화는 하나님의 뜻이다.[17)]

"가서 모든 민족을 제자 삼으라"라는 그리스도의 위임 명령은 모든 부족과 종족 중에 많은 사람들이 모여 살고 있는 도시를 배제할 수 없는 가장 강한 이유가 될 수 있다. 그러므로 바울 사도의 선교전략이 철저히 도시 중심으로 진행되었다는 것을 중요시해야 할 것이다.

· 대도시-우리의 선교전략

> 도시의 성장은 제3세계 전역에 걸쳐 전통적인 태도, 믿음, 풍습, 행위들을 뒤집어엎으면서 기존 사회를 급속히 변화시키고 있다. … 특히 대도시들은 전통과의 단절이 가장 분명하게 나타날 뿐만 아니라, 또한 전체 사회를 재구성하는 중심지들이다. 대도시들, 특히 종주 도시들은 유력한 경제 세력이요, 정부의 소재지요, 문화의 중심지요, 교통과 통신의 중추지이다. 대도시들은 제조와 수송과 매매와 재정의 중심지이다. 따라서, 한 마디로 대도시들은 풍습의 파괴자일 뿐만 아니라, 또한 사회 변동의 부화기 역할을 한다. 대도시들은 시골보다 뛰어날 뿐만 아니라, 또한 시골을 경제적으로, 교육적으로, 정치적으로, 사회적으로 지배한다.[18)]

---

for Missions", Trinity World Forum(winter 1990), p. 2.

16) 한화룡, 1997:75-76.

17) Ralph D. Winter, 퍼스펙티브스(*PERSPECTIVES ON THE WORLD CHRISTIAN MOVEMENT*), 정옥배 외 옮김, Roger S. Greenway, "The Challenge of Cities", 고양시: 도서출판 예수전도단, 2013:783.

18) John J. Palen, *The Urban World*, 3rd ed. New York: McGraw-Hill, 1987: 386-387.

그 결과 한 대도시에서 일어나는 일이 나라 전체를 지배하여, 그 나라의 다른 곳에서 일어나는 것은 거의 아무런 영향도 끼치지 못할 정도가 되는 것이다. 이와 같은 관점에서 도시를 그리스도께 인도하는 것은 그 나라 전체를 그리스도께 인도하는 것이 된다. 따라서 우리는 대도시들을 복음화하는 것을 가장 먼저 해야 할 과제로 삼아야 한다.

> 그러므로 우리는 주저 없이 다음과 같이 주장할 수 있다. 즉 사도 바울이 교회를 설립한 장소들은 로마 행정구역상의 중심도시이자 헬라 문명의 거점이었고, 유대교의 영향력이 집결된 도시인 동시에 대규모 무역의 요충지였다고 말이다.[19]

· 바울의 도시선교 - 롤랜드 알렌

롤렌드 알렌은 바울이 교회를 개척한 큰 도시나 작은 도시들은 모두 로마의 행정 구역의 중심 되는 위치였고, 또한 헬라 문명과 유대교의 영향력으로 보든, 상업적으로 보든, 모든 면에서 중심지들이었다고 분석하였다.[20] 롤렌드 알렌은 이런 관점에서 바울의 선교의 4가지 특성을 정리하면서 바울의 선교가 중점 도시 중심의 선교임을 역설하고자 하였다.

1) 행정 구역의 중심지

바울이 로마의 행정구역상의 중심지들을 사역의 반경으로 삼은 배경에는 자신과 자신의 백성이 강한 정부로부터 안전보장을 받게 하려는 의도가 분명 깔려 있었다. 자신이 로마 시민이었으므로 최후에는 광적인

---

19) Roland Allen, 바울의 선교 vs. 우리의 선교(*Missionary Methods: St Paul's or Ours?*), 홍병룡 옮김, 서울: Ivp, 2008:40.

20) Roland Allen, 2008:36.

유대인의 폭력으로부터 로마 관리들이 자신을 보호해 주기를 기대한 것이다.[21]

2) 문명의 중심지

사도 바울이 교회를 세운 거점들은 모두 헬라 문명의 중심지였다. 어디서나 로마의 정치가 헬라 교육과 병행되었고, 이 교육은 바울에게 의사소통의 매체를 제공했다.[22] 바울에게는 한 가지 언어가 통용된다는 사실이 한 정부 아래 있다는 것만큼 중요했다.[23]

3) 유대인의 중심지

사도 바울이 교회를 세운 곳은 대부분 유대교의 영향력이 집결된 장소였다. 바울은 유대인으로서 유대인 거주 지역에 가면 편안함을 느꼈다. 같은 집안의 일원으로서, 높은 특권을 누리던 인연을 바탕으로 들어간 것이다.[24] 로마의 통치 아래서 유대인은 특별한 혜택을 누렸다. 그들의 종교가 공인된 것은 물론이다. …… 황제 숭배의 의무에서 제외되었으며, 종교적인 이유로 군 복무에서도 자유로웠다.[25]

4) 상업의 중심지

사도 바울은 세계 상업의 중심지에 교회들을 설립하였다. 그 도시들은 각 지방의 선두주자로 각광을 받던 중요한 지점이었다. 정책이나 사상

21) Roland Allen, 2008:37.

22) Roland Allen, 2008:37.

23) Roland Allen, 2008:38.

24) Roland Allen, 2008:38.

25) Roland Allen, 2008:39.

에서도 가장 앞서갔다.

알렌은 사도 바울이 후대의 선교사들과는 다르게 전략적으로 한 지역을 택하여 그의 사역을 집중했다고 지적한다. 즉 바울은 상업과 문화와 행정 구역의 중심지를 택하여 복음을 전함으로써 복음이 다른 지역으로 빠르게 확산하도록 시도했다. 게다가 그는 다양한 부류의 사람들에게 복음을 전하여 교회가 튼튼한 기초 위에 서 있게 하였다. 또한 선교센터가 아닌 토착교회를 세웠다. 바울은 교회가 비신앙적인 조직이 되는 것을 피하면서 교인수를 늘리기보다는 교회를 튼튼하게 세워 뿌리가 박히도록 하였다.[26]

4. 도시선교의 여러 가지 방법들

도시화로 인한 인구의 재분포로 말미암아 우리 세대에 복음을 더 빨리 전 세계에 전할 수 있는 절호의 기회가 온 것이다. 이전에는 상상도 하지 못했던 수많은 사람이 한곳에 가까이 모임으로 해서 복음을 더욱 효과적으로 전달할 수 있을 뿐만 아니라, 또한 도시에서 파생된 문제들을 매개로 해서 복음을 전할 수 있는 창조적인 기회가 만들어질 수도 있는 것이다. 가난, 문맹, 실업, 질병, 고독, 좌절, 이 모든 것들이 봉사와 동정의 사역을 통해 복음의 씨를 뿌릴 수 있는 기름진 옥토가 되는 것이다. 그러므로 우리는 도시화 과정을 세계 복음화의 대업을 완수할 수 있는 새로운 기회로 볼 수 있어야 한다.[27]

26) Ruth A. Tucker, 선교사 열전(*FROM JERUSALEM TO IRIAN JAYA(A BIOGRAPHICAL HISTORY OF CHRISTIAN MISSIONS)*, 박해근 옮김, 고양시: 크리스챤 다이제스트, 2000:29.

27) 한화룡, 1997:84.

도시의 삶에 적절한 새로운 종류의 선교 활동 모델을 개발해 내야 한다. 우리에게는 도시에 적합한 총체적인 선교 전략과 도시의 문제들에 압도당하지 않고 오히려 능가하는 세계적인 신학이 필요한 것이다.[28]

· 도시화와 이주자 선교

도시의 자유: 복음에 민감하게 반응하는 자들에게 집중하라

도시로 이주해 온 사람들은 불확실성과 염려와 심지어는 두려움까지 체험하게 된다. 새로운 방법들에 특별히 공격받기 쉽고 또 개방적인 때이다.[29]

현재 전 세계에서 거세게 일고 있는 도시화의 파도는 이전에는 결코 상상할 수 없었던 수많은 시골 사람들을 도시로 끌어들이고 시골과 도시의 인구들을 연결시키면서, 세상에 있는 모든 부족들과 집단들을 복음화하고 교회를 개척할 수 있는 절호의 기회를 제공하고 있다. 따라서 이와 같은 도시와 시골 간의 자연적인 다리들을 인식하고 그것들을 복음 전도와 교회 개척에 효과적으로 사용하는 전략들을 개발하는 것이 절실히 필요하다.

로저 그린웨이(Roger S. Greenway)는 이 점에서 세 가지 일을 할 수 있다고 제안했다.[30] 시골교회와 도시 교회를 연결해서 시골의 그리스도인들이 도시로 이주해 갈 때, 그 지역에 있는 교회와 접촉해서 바로 그 교회에 출석할 수 있도록 해야 한다고 했다.

---

28) 한화룡, 1997:87.

29) 한화룡, 1997:104.

30) 한화룡, 1997:114-124, Roger S. Greenway, "The Peril of Neglecting Rural-Urban Bridges," Urban Mission 6, no. 1(Setember, 1988), pp. 4-5, 재인용.

i) 시골을 떠나 도시에 사는 사람들 사이에 지속적인 친족 관계들을 이용하여 교회를 설립할 수 있다.

ii) 친척 관계들을 통하여 복음을 도시에서 거꾸로 시골로 전달할 수 있다.

· 도시의 새로운 가족 중심의 교회들을 세우라

가족 중심의 교회들은 시골을 떠나온 도시인들이 갖고 있는 많은 필요들을 충족시킬 수가 있다. 첫째, 그리스도인들의 가정에서 모이는 작은 모임들에서 새로운 이주자들은 그들이 도시로 이주해 오면서 상실하거나 약화된 공동체 의식과 개인적인 자존심을 상당히 회복할 수 있다. 둘째, 새로운 이주자들은 그리스도인들의 가정에서 모이는 작은 모임들에서 도시에서 살아가는데 매우 중요한 일차적인 관계들을 맺을 수가 있다. 셋째, 가족 중심의 교회는 복음 전도를 하기에 자연스러운 환경이다.

현대 도시선교에서 가정교회의 중요성에 대해서 로저 그린웨이는 아래와 같이 언급했다.[31)]

가정교회는 금세기 나머지 동안 제3세계의 도시들에서 기독교가 성장하는 가장 공통적인 조직 형태가 될 것이다. 많은 경우에 가정교회는 그 집단이 인적. 물적으로 증가해서 독립된 예배당을 건축할 때까지 존속하는 중간 장치이다. 그러나 일시적이든 장기적이든 가정교회는 거의 모든 성공적인 도시 전략의 지극히 중요한 부분이다.

31) 한화룡, 1997:147, Roger S. Greenway, "Keys to Urban Church Planting," in Guidelines for Urban Church Planting, p.14, 재인용.

· 도시빈민선교

> 많은 도시에서 인구의 30%~50%는 가난한데, 대부분 절망적으로 가난하다. 도시선교사역은 구원의 복음을 선포하면서 그 복음을 실제적 방법으로 보여주어야 하는 포괄적 전략을 따를 것을 요구한다. 날마다 사회의 불평등과 빈부 차이에 대처하는 것은 도시선교사에게 매우 실제적인 문제다.[32)]

그러므로 도시선교사역은 도시 빈민의 필요와 처지에 맞게 복음을 전달할 필요가 있다. 이들에 대한 선교는 크게 전도와 지역사회개발 사역들을 통해서 접근할 수 있다.

첫째는 전도로서 도시 빈민들이 가장 절실히 필요로 하는 것이 인간의 존엄성을 회복하는 것이라는 점에서, 그들에게 복음을 전할 때에 인간은 하나님의 형상을 따라 지음 받은 하나님의 피조물로서(창 1:26) 가치 있는 존재임을 강조해야 한다.

둘째는 지역사회개발로서 도시 빈민들에게 가난은 엄연한 현실이기 때문에 단순히 그들에게 예수 그리스도에 관한 희망의 메시지만을 선포하는 것만으로는 부족하다. 도시 빈민 선교는 더 이상 도시 빈민들을 대상으로 하거나 단지 그들을 위해 사역을 하는 것이 아니라, 그들과 함께 일하면서 그들이 자립할 수 있도록 돕고 후원하는 차원에서 이루어져야만 한다.[33)]

32) Winter, 2013:781, Roger S. Greenway, "The Challenge of Cities".

33) 한화룡, 1997:188.

5. 요약

본 장에서는 어린양교회의 설립을 위한 준비기에 대해서 그리고 교회 설립의 목적과 목표에 대해서 언급하였다. 또한 어린양교회가 위치한 몽골의 수도 울란바타르가 도시임을 감안해서 도시의 교회개척에 관한 이론들을 살펴보았다.

다음 장에서는 어린양교회의 개척에 관해서 기술할 것이다. 어린양교회를 간단한 소개와 연혁 및 설립 목적과 목표 그리고 어린양교회 개척을 위한 선택과 원칙들과 방법 기술할 것이다.

제4장

교회개척:
선교사 주도 시기

이 장에서는 선교사 주도 시기에 토착교회의 개척 과정들을 다룬다. 실제적인 사례로서 어린양교회를 소개하고 그동안의 간략한 연혁에 대해서 언급한다. 또한 선교사 주도로 토착교회를 설립하면서 어떤 선택을 하였는지에 대해서, 그리고 어떤 원칙을 가지고 교회를 개척했는지, 또한 어떤 방법으로 교회를 개척해 나갔는지에 대해서 설명한다. 그리고 어린양교회의 현재 상태에 대해서 수치화된 자료들에 대해서 다룬다.

어린양교회의 개척에는 한 청년(고 김성호)의 죽음이 배경이 된다. 2000년 7월 11일 당시 외항선교회(OM)에서 주관한 단기선교팀의 일원으로 몽골을 방문했던 한 청년이 중앙 내륙에 위치한 '영원한 구원의 별 교회'[1]의 지붕 수리 중 소천하였다. 이를 계기로 청년을 파송했던 송천감리교회(김여일 목사)는 몽골 선교를 위해 김종진/장희수 선교사를 파송하여 교회개척 사역을 진행하도록 하였다. 어린양교회는 고 김성호 선교사의 기념교회로 설립되었다.

1) 으블항가이 도의 수도인 아르바이헤르 3구역에 위치한 교회. 황필남 선교사에 의해서 개척된 교회이다. 2002년부터 선교지 구역을 이양받아 김종진 선교사가 관리하고 있다.

1. 어린양교회 소개

교회 이름: Borohanii Horga Choglaan / Lamb of God / 하나님의 어린양

교회 이름은 요한복음 1:29을 배경으로 한다. “이튿날 요한이 예수께서 자기에게 나아오심을 보고 가로되 보라 세상 죄를 지고 가는 하나님의 어린 양이로다” 유목민의 땅 몽골에서 어린양 개념은 이들에게 친근하게 다가갈 수 있는 상징적인 이름이다. 몽골어 Borokhanii는 ‘하나님의’라는 뜻이고, ‘Horog(호락)’은 ‘어린양’의 뜻을 가지고 있다.

몽골인들이 어린양으로 번역한 ‘호락’이란 1년 된 양을 칭하는 표현이다. 몽골은 유목 기반을 가지고 있는 사회이기 때문에 가축에 대한 언어가 발달되어 있다.[2] 양에 대한 이들의 연령별 이름을 분석해 볼 때, 성경에서 말하는 속죄제로 드려지는 어린양과 그 의미가 거의 일치함을 알 수 있다. 그리고 이 어린양의 유비를 통해서 ‘세상 죄를 지고 가는 어린양’으로 예수를 소개하고 그들이 편하게 쉽게 이해할 수 있는 이름으로 설명할 수가 있었다.[3] 출애굽기 12장에서도 나오듯이 1년 된 숫양은 유월절 양으로서 세상 죄를 지고 가는 예수님에 대한 상징성을 보여주고 있다. 이런 이유로 이 이름을 교회 이름으로 결정하였다.

개척 당시 초기 역사를 정리해 보았다.

---

2) 1년 된 양 호락.

3) 출애굽기 12장 “3 너희는 이스라엘 회중에게 고하여 이르라 이달 열흘에 너희 매인이 어린 양을 취할지니 각 가족대로 그 식구를 위하여 어린 양을 취하되… 5 너희 어린 양은 흠 없고 일 년 된 수컷으로 하되 양이나 염소 중에서 취하고 6 이달 십사 일까지 간직하였다가 해질 때에 이스라엘 회중이 그 양을 잡고 7 그 피로 양을 먹을 집 문 좌우 설주와 인방에 바르고”

위치: Sharhad Erden-tolgoi 3-17, Ulaanbaatar, Mongilia

개척 일시: 2003. 8 셋째 주일 설립

1기 파송교회: 송천교회(2002. 4 ~ 2008. 7)

2기 파송교회: 종교교회(2008. 8 ~ 2018. 12 현재)

연혁

2002. 4	김종진 장희수 선교사 몽골 파송(송천교회)
2002. 10	교회 대지 구입
2003. 4	어린양교회 건축 시작
	지하 1층, 지상 3층(884㎡, 적벽돌구조)
8. 6	교회 건물 봉헌예배
8. 17	교회개척 예배
2004. 5. 12	CMC & 어린양교회 종교법인 허가 받음

2. 교회 설립을 위한 선택들

찰스 브록(Charles Brock)은 교회 설립을 위한 필수적인 조건으로 성령의 사역, 하나님의 말씀, 그리고 교회 개척 사역자와 대상 족속의 선택이라고 언급했다.[4] 이것은 다른 말로 표현하면 성령, 하나님의 말씀 그리고 씨 뿌리는 자와 토양으로 요약할 수 있다.[5]

어린양교회를 개척할 때는 이미 몽골의 주요 종족인 할하족을 목표로 하였기 때문에 대상 족속 선정은 이미 결정된 상태였다. 그러므로 장소적

4) 박기호, 2005:61-62.

5) 박기호, 2005:62.

인 부분의 선택사항을 염두에 두고 지역 선정을 하려고 하였다.[6]

그러한 것을 고려하여 아래와 같이 교회 설립을 위한 선택을 하게 되었다.

· 대상 족속 선정

할하족(Khalkh)은[7] 몽골의 20여 개 종족 가운데 가장 주된 종족으로 전체 86% 정도를 차지하는 주류 종족이고 다른 종족들 간의 특별한 차별이나 차이점이 드러나지 않을 정도로 동화되어 있다.[8] 물론 각 종족별로 자기들의 독특한 문화를 유지하고는 있지만 같은 언어와 전체적인 문화권 안에서 서로 공유할 수 있는 많은 것들을 가지고 있다. 그리고 기타 브리아트 족속, 카작 족속 등이 있다. 어린양교회의 경우에도 95% 이상이 할하 종족이고, 러시아 계통에서 이주해와 살고 있는 분들 몇 가정 정도가 있다.

어린양교회가 개척되던 초기 교인들은 몽골 유목민들의 전통 주거형태인 천막집 게르에서 60% 정도가 살고 있으며 나머지는 통나무와 진흙으로 지어진 집에서 살고 있다. 이들은 도심에서 나오는 일부 교인들을 제외하고는 우물에서 물을 길어다 먹고, 하수 시설이 되어 있지 않고, 재래식 화장실을 이용하는 환경에서 살고 있다. 물론 다른 지역도 상황은 거의 비슷하다고 보면 된다.

---

6) 박기호, 2005:157-158.

7) Bradley Mayhew, Mongolia, Lonely Planet Publications Pty Ltd, Austraila:2001:34. 할하 Khalkh 족은 전 인구의 86%를 차지하고 있으며 바양얼기를 제외한 17개 아이막(도)에 거주하고 있다.

8) http://www.mongolembassy.com/newEmbassy/basicdata.asp.

· 이동인구가 많은 지역

울란바타르 중심부에서 대중교통으로 30분가량 떨어진 동쪽 부분에 위치하고 있는 이 지역은 중앙부에서 실패하고 밀려 나간 사람들과 지방에서 올라온 이주민들이 정착하는 지역이다. 이러한 사람들은 대부분 실패와 좌절 그리고 이동적인 삶의 특성상 복음의 수용성이 높다고 보았다. 듬성듬성하던 인근 산자락에 이제는 빽빽하게 천막집들이 들어차게 되었고, 이주민들의 아이들과 청소년들이 주변 학교에 입학하여 복음 전도의 기회가 훨씬 많아지고 있다. 이들을 위한 다양한 프로그램과 접촉 사역들을 통해서 교회가 성장할 수 있는 기회가 많아졌다. 그리고 근래에는 근처에 자리 잡고 있는 자동차 시장의 영향을 받아서, 주변이 자동차 부품이나 카센터 등 자동차 관련 업체들이 생겨나고 있다.

· 지역 인구가 많은 지역

몽골의 수도인 울란바타르에는 9개의 두렉(dureg)[9]이라는 행정 구역이 있다. 어린양교회가 위치한 바양주룩구는 울란바타르의 동쪽 끝에 위치한 구이다. 교회를 개척하면서 효과적인 복음의 확산을 위해 몽골 수도인 울란바타르를 선택하였고, 또한 이주민이 많고 거주민이 가장 많은 바양주룩구 중에서도 인구가 밀집된 지금 교회 자리를 선택하게 되었다.[10]

이곳은 울란바타르 수도 인구를 당시 2002년 90만 명으로 추산할 때, 6개 구중에서 가장 인구가 많은 20만 명 정도가 살고 있는 지역이었다. 교회개척을 위해 대지를 구입할 때는 2002년 10월이고 그 시점에서

9) Dureg은 한국 서울의 한 개의 구와 같은 행정 구역이다.

10) 이대학 외, 2018: 51. 몽골복음주의연맹 2015년 통계에 의하면, 울란바타르에는 228개의 교회가 있는데, 그중에 바양주룩구에 60개의 교회가 있는 것으로 나타났다. 이 수치는 교회수로 가장 많고, 비율로 볼 때 38%에 해당한다.

의 통계였다. 2013년 현재 몽골 전체 인구 280명 중에 10%인 28만 명이 이 바양주룩구에 거주하고 있다.[11)]

· 교통이 편리한 지역

교회가 위치한 지역은 큰 대로가 울란바타르 시를 동서로 나누는 주요 중앙부로부터 이어져 있는 대로변이다. 도시 중앙부에서 교회까지 7~8km 정도에 위치하고 있으며 도중에 목재 시장과 석탄 시장이 형성되어 있으며, 교회를 지나서는 몽골에서 제일 큰 자동차 중고차 시장이 자리 잡고 있다. 이런 이유 때문에 많은 사람들이 방문할 수 있도록 대중교통이 발달되어 있다. 버스와 중간크기의 마이크로버스 등이 수시로 오고 갈 수 있도록 도로포장이 되어 있어서 접근성이 용이하다. 교회 바로 인근에 에르든털거이(erdene-tolgoi) 버스정류장이 있고, 여기에 내리면 바로 길가의 왼쪽에 어린양교회를 바라볼 수 있다. 울란바타르 지역 어디서든지 대중교통을 이용해서 한 번이나 두 번에 교회를 찾아올 수 있다.

대중교통 버스노선: 2번, 13번, 34번, 38번

봉고차 노선: 번호가 없지만, 도심지와 기타 지역에서 오가는 노선이 있다.

· 학교들이 주변에 많은 지역

몽골의 교육제도는 초등, 중등, 고등 과정이 분리되어 있지 않고 1학년부터 11학년까지의 학제가 함께 통합되어 있는 구조이다. 이런 학교를

---

11) http://ubstat.mn/JobTables.aspx, 2018년 통계로 볼 때, 몽골의 수도인 울란바타르 총인구는 1,444,669명이고, 어린양교회가 개척된 지역인 바양주룩구는 343,619명이다. 교회가 위치한 바양주룩구는 울란바타르 구중에 가장 인구밀도가 높은 지역이다.

돈드 소르골이라고 부른다. 어린양교회 주변에 걸어서 10~30분 이내에 4개의 돈드 소르골 학교가 있다. 그러므로 교회는 청소년들을 접촉할 수 있는 많은 기회를 가질 수 있는 위치에 있다. 교회가 청소년들을 위한 프로그램을 준비하고 단기팀을 활용하여 다양한 교육프로그램을 개발하여 교육하는 일에 초점을 맞추었다. 44번 학교, 68번 학교, 79번 학교, 92번 학교가 있다.

3. 교회개척의 원칙들

교회를 개척하면서 원칙을 문서로 기록한 적은 없지만, 교회를 개척하여 교인들이 교회 안에서 말씀과 기도로 자라나는 과정을 바라보면서, 그리고 교회의 조직이 자라나면서 하나 적용해 왔던 것들을 정리해 보았다. 부족한 부분들도 있었고, 실수한 적도 많았지만, 이 원칙들을 지키려고 협력자들과 함께 노력해 왔다. 특히 복음의 기초에 충실한 교회를 만들고 복음의 원리를 따라 방법이 나오는 교회를 만들고자 하는 강한 의도를 교회개척에 반영하려고 노력하였다. 즉 교회만이 감당할 수 있는 복음의 진정한 가치와 역할에 충실하여 영혼 구원을 최고가치로 삼는 교회를 만드는 것이 최고의 가치가 되는 교회로 만들고자 하는 마음을 반영하였다. 피터 와그너는 교회가 무엇인지를 말하고 있는데 이는 교회개척의 원칙들을 개발하는 데 도움이 된다.[12)]

오직 교회만이 충족시킬 수 있는 단 하나의 인간의 요구 사항이 있는데, 그것은 궁극적인 욕망으로써 개인적으로 하나님을 아는 것이다. 성

---

12) Peter C. Wagner, 교회성장원리(*Your Church Can Grow*), 권달천 역, 서울: 생명의말씀사, 1996:231).

경 말씀을 쉽게 표현하면, 교회는 사람들이 구원받을 수 있는 장소이다. 교회 이외의 다른 어떤 사회 기관도 바로 이 요구 사항을 충족시켜 줄 수는 없다. 그러나 이와 같은 사회적인 활동을 교회 생활에 있어서 최우선적인 것으로 용납한다면, 교회는 성장의 잠재력이 쇠퇴하는 것을 발견하게 될 것이다.

· 국내와 해외 선교를 꿈꾸는 교회

어린양교회는 개척 초기 때부터 국내 선교와 해외선교를 꿈꾸고 실현하는 교회가 되고자 하였다. 복음의 재생산을 통해 하나님으로부터 받은 복음의 빚을 갚는다는 비전을 교인들에게 자주 설교를 통해서 가르쳐왔다. 어린양교회는 개척된 자매교회들의 설립과 성장을 위한 복음적인 의무에 힘쓰고 있다.

보르하니 호륵그(하나님의 어린양교회), 이웰링후레교회, 예수싱 헌느닝수룩 교회, 아가페 교회, 뭉힝아우랄링 어드교회, 처링간츠우능 교회, 종교 몽골제자교회, 중 바양 올랑 어린양교회, 이웰링소윅교회, 생잠교회, 날라이흐 생수의 강교회, 욥수울랑곰교회, 바트칭겔교회, 아고운드르에젠교회들을 개척하고 섬기는 일에 우리의 헌금과 인적자원으로 혹은 전도팀이나 봉사팀들을 통해서 섬기어 왔다.

또한 자매교회 간의 좋은 우정 관계를 유지하고 있다. 그리고 2005년부터 해외에 있는 몽골인들을 위한 선교적인 일들을 꿈꾸며 기도하던 중 2008. 12~2010. 10까지 종교교회 내 몽골인 교회를 개척하고 섬기는 일에 어뜨겅자르갈 전도사를 파송하여 이 일을 감당하였다. 또한 2010년 7월에 중국 내 칭하이 지역에 데드몽골족을 위한 몽골 한 가정을 파송하고 협력하는 일을 시작하였다. 이 일은 몽골리안 가스펠라인의 비전을 이루기 위한 일이다.

어린양교회는 2003년 8월에 개척되었다. 물론 초기에 이 일을 주관한 것은 파송선교사로서 김종진/장희수 선교사의 주된 임무였다. 그리고 어린양교회가 개척되면서부터 교회의 일꾼들과 모든 역량은 몽골 국내의 또 다른 교회들을 개척하는 사역들을 지원하고 이 일을 위해서 기도하면서 최선을 다하려고 노력하였다.

2003년 9월부터 이어진 어린양교회의 개척사역은 2013년 12월 현재 3개의 협력교회와 11개의 개척교회가 함께 동역하는 관계로 몽골 국내 선교를 위해 일하고 있다. 현재 몽골의 8개의 도에 교회들이 자리를 잡고 복음화를 위해 힘쓰고 있다. 몽골 중앙 내륙 지역에 7개 교회, 서북쪽에 2개 교회 그리고 동쪽 지역에 1개, 그리고 수도권에 4개 교회가 세워져 활동하고 있으며, 2014년에 수도권 지역에 2개의 교회 개척을 준비하고 있다.

어린양교회의 교회개척의 특성은 처음부터 몽골 지도자를 선정하고 교회가 개척을 준비하는 과정부터 전적으로 후보자에게 일임하고 목회하는 방식을 취했다. 때로는 지역적으로 떨어져 있어서, 부족한 부분들도 발견되지만, 직접적인 지도보다는 간접적이고 교육적인 방법으로 이러한 부분들을 보완해 나갔다. 2007년부터 매년 한 차례 중앙내륙지역 교회들 연합 지도자 훈련을 실시하고 있고, 2011년부터 일 년 한 차례 시골 지역교회 지도자들을 위한 선교학교를 통해 교육하고 있고, 2013년부터는 시골과 수도권의 교회지도자들을 위한 신년 목회 계획 세미나를 실시하고 있다.

이러한 과정을 통해서 개척된 교회의 지도자들을 교육하고 교제하면서 조금씩 교회들이 자생적인 교회로 성장해 나가는 것을 볼 수 있다. 현재 어린양교회는 몽골미션과의 협력관계 속에서 이처럼 개척되는 교회들의 지도자들의 생활비를 후원하고 있다. 이것을 의미 있는 후원으로 보는 것은 교회를 위한 지원은 없다는 것이다. 그러므로 10년 전의 목회자 생활비가 2013년도에도 동일하게 지급되고 있고, 교회를 운영하고 목회를 하는 부분에 필요한 부분은 개 교회의 헌금을 통해서 자립으로 나아가고 있다.

〈표 5〉 어린양교회 개척 및 협력교회들(김종진 2013)

	교회 이름	지역	설립일	개척/후원교회
1	뭉힝아우랄링 어드	으블항가이 도의 수도, 아르바이헤르	1998. 10 협력교회	원주봉산교회
2	어린양교회	울란바타르	2003. 08	송천교회/종교교회
3	처링 간츠 우능	으블항가이-아르바이헤르	2003. 09	월곡교회*
4	아가페	아르항가이-체첼륵	2005. 04	청학교회/종교교회
5	예수싱헌느닝수룩	울란바타르	2005. 05	은제교회
6	이웰링후레	울란바타르	2005. 12	한양제일교회
7	바트칭겔	아르항가이	2008. 10	청학교회/ 종교교회
8	준바양올랑 어린양	으블항가이-준바양올랑	2008. 08	카나다광림교회 종교몽골속
9	종교교회 몽골제자교회	Seoul, Korea	2009. 05	종교교회
10	이웰링소워교회	바양헝거르	2009. 05	동탄교회
11	생잠교회	자우항, 테스	2009. 10 협력	종교교회/ 어린양교회
12	생명의 강 교회	울란바타르, 날라이흐	2010. 06	오클라호마UMC
13	울랑곰 교회	웁스도 울랑곰	1993 협력	어린양교회/종교교회
14	아고 운드르에젱교회	핸티 도 수도: 아고운드르항	2013. 5	상계교회
15	에즈니 호락	울란바타르, 바양주룩: 모넬	2014. 1 예정	개포교회
16	존모드	투브의 수도	2014. 9 예정	은평감리교회

〈그림 1〉 어린양교회 개척교회 및 협력교회(2013)

· 몽골인 지도력 양성

몽골인 교회 지도력 배양을 원칙으로 한다. 몽골인 지도자의 지도력이 형성되는 곳에 선교사가 들어가지 않는다는 원칙을 가지고 몽골인 지도력 양성에 힘을 썼다. 현재 어린양교회의 대부분의 실제적인 부서의 리더십과 실무진들은 모두가 몽골인들이 맡고 있고, 교회의 방향과 전략에 대한 회의에는 언제나 현지 리더십과 선교사들이 함께 논의하는 구조가 되어 있다. 한국에서 처음 들어온 선교사들이 몽골인 교회 리더십이 형성된 곳에 그대로 들어가서 간섭하거나 실무적인 일을 하지 않도록 구조화되어 있다.

많은 경우 선교사가 교체되는 경우에 새로운 선교사가 한 교회에 들어가게 되면 그 교회에 이미 형성된 몽골인 지도력과 충돌이 일어나는 경우들이 있다. 이미 지도력이 형성된 곳에서는 선교사가 교회의 설립 원칙과 좀 더 큰 부분에서의 지도력을 발휘해야 한다고 본다. 사안별로 지도력을 발휘하려고 할 때, 현지 지도력이 와해되고, 현지인들은 현지 리더십보다는 선교사의 말을 중심으로 재편되는 것을 보게 된다.

현지인 지도력 양성을 위해서 2003년 10월에 CMC & 어린양교회는 현지 감리교선교사들과 협력하여 CMC & 어린양교회 내에서 4년제 신학교를 시작하였다. 이 신학교의 장소로 CMC & 어린양교회를 개방하였고, 장소에 필요한 것들을 지원하였다. 현재 이 학교는 후레대학교 내에 교육 공간을 마련하여 계속해서 교회지도자들을 양육하고 있다. 4년제 학부와 3년제 M.Div. 과정 주/야간을 합쳐서 35명이 공부하고 있다.

· 현지인에게 지도력 이양

교회의 지도력 이양은 몽골인 지도력 형성과 재정적 자립의 바탕 위에서 점진적 과정을 거치는 것을 원칙으로 정하고 있다. 현지인에게 교회 지도력을 이양하려는 뜻은 건전하고 건강한 토착교회를 위해 모든 선교사들이 추구하는 목표이다. 이 부분은 시기가 아주 중요하다는 것을 몽골 현지 교회들의 사정을 통해서 알게 되었는데, 이른 이양과 늦은 이양 둘 다 교회공동체의 건강에 좋지 않은 영향을 주는 경우를 접하고 나서 이러한 결론에 이르게 되었다. 또한 지도력 이양 자체가 목적이 아니라, 하나님의 뜻에 따라 몽골인들의 지도력을 배양하고, 또한 몽골인 스스로 하나님의 목적을 위해 헌금하여 자립하는 부분에 대한 교육과 훈련에 선교사들은 혼신의 노력을 다하여야 한다.

어린양교회는 특별히 교인들에게 십일조와 헌금 생활에 대해서 설교를 통해서 또한 세례 교육과 지도자들을 위한 성경공부시간에 지속으로 가르치고 있다. 토착교회의 온전한 성장을 위해서 하나님의 교회의 확장을 위해 그들이 감당해야 할 몫이라는 것을 헌금 교육을 통해서 지속적으로 강조하였다.

2기 사역에 임하면서(2008년 이후) 재정적인 부분에 대한 몽골인들의 참여 폭을 넓히고 재정운영에 대한 직접적인 훈련을 하는 기회를 열어놓고 점진적으로 재정의 독립을 통한 이양의 과정을 진행하고 있다.

· 성령님께 열린 자세

오순절에 예수님의 약속을 믿고 기도하며 기다리던 제자들에게 성령이 임하여 교회가 시작되었다(행 2:1-3). 제자들은 이때로부터 성령의 능력을 받고, 길거리로 나가서 구원의 메시지를 선포하며, 그리스도의 이름으로 죄 사함의 세례를 베풀기 시작하였다. 그러므로 진정한 의미에서 교회를 설립하는 것은 바로 성령의 임재이다.[13)]

우리는 예수님의 초림과 재림 사이를 살아가고 있다. 이 시기는 하나님께서 직접 성령을 통해서 설립하신 교회의 시기이기도 하다. 그러므로 주님의 교회를 시작하고 섬기는 모든 일은 성령의 조명 아래 진행되어야 한다. 현지인들의 눈으로 볼 때 선교사는 이방인이고 나그네이다. 그러므로 이들과 함께 교회를 세우는 일에 성령의 능력과 지혜 그리고 도우심을 끊임없이 구하였다. 선교지 종족들을 만드시고, 아들을 주시기까지 사랑하신 하나님의 사랑과 죽기까지 복종하셔서 구원을 이루신 예수님의 은혜를 현지인들에게 전달하기 위해서 성령의 계획하심과 개입 그리고 주도적인 역할이 필요하였다.

우리들에게 능력을 주셔서 선교사역을 하도록 하시는 분은 성령이다. 또한 성령이야말로 예수의 증인이고, 선교지에서 하나님의 능력이

13) Lesslie Newbigin, *The Household of God*, 교회란 무엇인가, 홍병룡 역, 서울: Ivp. 2010:109.

나타나도록 하시는 분이시고, 우리를 땅끝까지 보내시는 분이다.[14] 그러므로 성령의 사역을 선교지의 교회에 적용하는 일은 가장 효과적인 선교 사역을 하는 방법이다.

어린양교회는 증인 된 사명을 감당하는 교회, 능력을 베풀어 주시는 성령의 사역을 재현하는 일, 또한 선교사를 파송하여 교회를 개척하시는 그분의 사역을 따라 우리도 제자들을 파송하는 일을 따르기로 하였다.

> 교회 성장에 있어서 성령의 역할은 최고이다. 인간의 능력이 아니라 오직 하나님만이 교회를 세워나가신다. 예수님께서도 내가 내 교회를 세우겠다고 말씀하셨다. 그러므로 성령의 주권적인 능력은 어떠한 환경적인 조건이나 제도적인 조직을 넘어서서 놀라운 일들을 이뤄내시는 진정한 능력이다.[15]

교회를 개척하면서 성령님께 열린 자세를 가지고 기도하는 일을 멈추지 않았다. 교회성장의 진정한 주인이 되시며 힘이 되시는 성령님께서 교회 안에서 주도권을 가지고 일하실 수 있도록 배려하려고 노력하였다. 이 모든 일에 언제나 성령께서 보다 더 좋은 뜻과 계획이 있음을 인식하고 언제나 겸손한 마음으로 교회개척에 임하였다.

4. 교회개척 방법

릭 워렌은 목적이 이끄는 교회의 이상을 성취해 나가면서도 그의 목

---

14) Lesslie Newbigin, 2010:173-174.

15) Donald A. McGavran, 1990, *Understanding Church Growth*. Michigan: Wm. B.Eerdmans Publishing Co. 1990:144.

회를 위해서 여러 원리와 실질적인 여러 가지 기술을 활용해야 함을 말하고 있다. 특히 주변에 살고 있는 사람들에 대한 과학적 분석과 지역적인 특성을 고려한 전략과 접근법을 시도했다. 그뿐만 아니라 맥가브란 박사와 슈바르츠 박사도 이처럼 과학적인 데이터 분석이나 지역 조사 등의 방법론을 교회개척의 중요한 요소로 인정하고 활용하고 있다. 따라서 교회개척 방법은 성서적인 원리를 근거로 하고 지역에 맞는 전략과 방법을 활용할 필요가 있다.

아래에 언급된 내용들은 전략에 가까운 교회개척 방법이라고 할 수 있다.

· 도시의 특성을 고려한 선교

교회개척 당시(2003) 몽골의 인구는 240만 명 정도에 울란바타르 인구 80만 정도였다. 또한 몽골의 2대 3대 도시인 다르항과 에르뜨네뜨에 17만 정도를 합치면 도시인구가 거의 100만에 가까운 상황이었다. 이 수치는 거의 40%가 넘는 인구가 도시에 집중해서 살고 있는 상황이었다. 그리고 2~3대 도시를 제외한 20개의 도(아이막)[16]의 수도에 평균적으로 약 25,000명이 거주하고 있다. 도의 수도에는 중앙난방 시설과 도로시설, 인터넷 그리고 행정업무의 중심지, 대학을 비롯한 교육기관 그리고 경제적인 시스템을 가지고 갖추고 있는 도시의 역할을 감당하고 있다. 그러므로 아이막도 도시적인 기능을 갖추고 있기에 한 도의 인구들이 집중되는 지역이다. 그러므로 각 아이막의 도시인구를 포함하면 60% 가까운 인구가 도시에서 생활하고 있는 것이다.

2013년 현재 전체 인구 280만 명 정도에 울란바타르 인구가 120만

16) 몽골은 21개의 도를 가지고 있고, 이 도에 해당되는 행정 구역의 이름을 아이막이라고 칭한다.

명에 이르고 있다. 여기에 2대 3대 도시의 인구와 각 아이막의 수도의 인구를 합치면 이제는 도시인구가 65%에 이르고 있다. 그래서 도시는 선교의 보고요 많은 사람들이 시골 지역과 연고를 가지고 있기 때문에, 이들에게 복음을 전함으로 시골 전도의 기회가 주어지는 경우가 참으로 많다. 이들이 자기 고향의 길 안내자로 접촉점으로 전도가 되는 경우를 경험하고 있다. 그래서 도시선교를 계획하고 진행하고 있다.

그러므로 어린양교회의 개척사역은 모든 행정, 교육, 경제와 교류의 중심지인 핵심 도시를 중심으로 하여 진행하였다. 인구 2만이 넘는 도의 수도와 울란바타르를 중심으로 교회들이 개척되었다.

· 단기선교팀 활용

단기팀을 통한 교회개척과 개척된 교회를 돕는 사역은 어린양교회와 자매교회들을 위해서 엄청난 도움과 힘이 되었다. 의료, 미용, 한글(영어) 학교, 태권도 악기 교육, 웨딩 사역, 가난한 가정돕기를 통해 접촉된 지역의 청소년들과 청년들 장년들을 대상으로 복음을 소개하고 바로 교회 개척을 시작하였다. 만 10년 동안 계절별로 이처럼 주변 지역 사람들을 섬기고 그들에게 꼭 필요한 단기팀을 통해서 섬기고 봉사하고 교육함으로 접촉을 하고 기존 교회 교인들을 양육하여 교회의 일꾼으로 동화시키는 사역을 겸하여 진행하였다.

· 접촉점으로써 필요를 채우는 선교

어린양교회의 설립 목적은 하나님 나라 확장과 지역사회 봉사 그리고 인재양성이다. 지역사회봉사는 바로 교회가 위치한 지역을 섬기고 돕는 일을 의미한다. 즉 지역의 다양한 필요를 분석하고 파악해서 이들에게 섬김의 자세로 다가가서 그들의 필요를 채워주며 나아가서 하나님의 복음을 전하는 일들을 하였다.

예를 들면, 여름성경학교를 통해 지역의 대부분 가난한 아이들에게 학업(영어, 한국어, 태권도, 악기 교육 등) 프로그램을 제공하고 복음을 전하는 일, 교회 내에 지역사회 봉사부를 통해서 지역에 가난한 가정을 선정해서 정기적으로 돕는 일, 문화센터를 통해 지역 청소년들과 주민들에게 한글과 영어를 가르치는 일, 지역의 가난 때문에 학교에 진학하지 못하는 아동들을 위한 '토요 사랑의 학교'를 설립해서 돕는 일, 사랑의 빵 사역을 통해서 고아원, 교도소, 가난한 교회를 매월 돕는 일, 그리고 결혼식을 통해서, 지역 노인들을 위한 잔치, 의료팀의 정기적 방문을 통해서 섬기는 일들을 지속적으로 하였다. 이러한 일들은 교회가 위치한 지역에 교회에 대한 좋은 이미지를 줄 수 있었고, 여러 이유로 교회를 방문한 사람들이 교회의 신자로 남는 일들이 많아지기 시작했다.

피터 와그너는 "통전적 선교(holistic mission)의 중심적 개념은 하나님께서 그의 구속된 백성들을 그들 자신의 교회로부터 문화적 위임과 전도의 위임을 수행하도록 보내는 것을 의미한다"고 말하고 있다.[17] 즉 지역의 필요를 채우는 접근은 교회에 위임된 문화적 위임에 관한 부분임을 알게 되었다. 이 일을 통해서 전도의 위임을 이루는 우선순위를 잊지 않고 수행하고 있다.

· 전도를 통한 회심 성장

맥가브란은 교회성장을 3가지 종류로 말하고 있다.[18] 생물학적인 성

17) Wagner, 1981:139.

18) McGavran, 1990:71-72.

장과 이동 성장과 회심 성장이다. 생물학적인 성장은 교인들이 자녀를 낳아서 늘어나는 성장을 의미하고, 이동 성장은 교인이 이사하거나 직업의 이동 등을 통해서 거주지역의 변화를 통해서 교인이 지역교회에 유입이 되어 성장하는 것을 말한다. 그리고 회심 성장은 불신자들에게 복음을 정하여 그들이 회심하여 예수를 믿어 성장하는 것을 말한다.

몽골은 1990년도 소련 연방이 해체되면서 자유 세계에 개방된 후 1991년부터 복음이 전해진 짧은 기독교 역사를 가지고 있는 나라이다. 그러므로 아직도 교회성장은 대부분이 회심을 통한 방법으로 일어나고 있다. 2003년 8월 어린양교회가 개척되면서부터 거의 98% 이상이 회심을 통한 교회 성장이 일어나고 있다. 또한 우리 교회는 전도팀이 구성되어 있고, 개척 초기에 전도팀은 매주 토요일마다 전도하고, 매달 첫 번째 주일에는 예배 후에 전 교인이 전도부서와 함께 주변 전도를 하였다….

5. 현재 교회 모습

어린양교회는 2003년 8월에 개척된 교회로서 모든 교회의 모습들이 갖추어지기 위해서 3년 정도의 시간이 필요하였다. 점진적으로 만든다는 원칙을 가지고 예배의 틀을 만들고 조직을 만드는 일을 진행하였기 때문이다. 그래서 아직도 준비하고 있는 조직이나 형태가 있고, 개선하고 조정해야 할 부분들이 있다. 이러한 것을 고려하면서 현재 진행되고 있는 교회의 모습을 객관적으로 기술해 보려고 한다. 이 내용은 대부분 김종진 홈페이지 자료실이나 교회 회의록 그리고 교회 예배일지 등에 기재된 내용들을 근거로 한 것임을 밝힌다.

1) 정기 모임

현재 어린양교회는 주일예배 1, 2부와 주일 아동부 모임과 중고등부 모임으로 별도의 예배를 드리고 있다. 수요예배는 저녁에 한 번 모임을 갖고, 또한 매일 아침 기도회로 모이고 있다. 그리고 매주 토요일 오후 2시에 모이는 전교인 단계별 성경공부와 한 달에 한 번씩 모이는 금요기도회가 정기 모임이다.

〈표 6〉 예배시간(2013.12)

예배	시간	
주일예배	1부 am 9:30 2부 am 11:15	장년 중심 청년 중심
주일 아동부예배	am 11:00	
주일 중/고등부예배	pm 3:00	
수요예배	pm 6:00	
아침기도회	월-금 am 7:00	
금요기도회	pm 8:00~10:00	매월 마지막 주
토요성경공부	pm 1:30~3:00	전후반기 2차례

· 출석 인원

현재 주일 1부는 장년을 중심으로 평균적으로 매주 50~70명 정도가 정규적으로 예배에 참석하고 있으면, 2부는 청년을 중심으로 역시 50~70명 정도가 모임에 참석하고 있다. 중고등부 주일예배는 현재 30~40명이 모이고 있고, 아동부도 평상시에 40~70명 정도가 모여 예배를 드리고 있다. 2003년도 8월 개척해서 2003년도 12월부터 진행된 세례 예식은 매년 부활절과 성탄 절기를 중심으로 2번의 세례식을 집례하는데 현재까지 202명의 신자들이 세례식에 참여하였다. 매년 평균적으로 20여 명이 세례를 받고 주님에게 돌아온 것이다.

〈표 7〉 예배 인원(2013)

	예 배	시 간	평균참석인원	참 고
1	주일 1부	am 9:30	50~70명	1부 중/고등부 중심2005.9 1,2부 분리
2	주일 2부	am 11:15	50~70명	
3	아동주일학교	am 11:0(주일)	30~50명	2003. 12월 개교
4	중고등부예배	pm 3:00(주일)	30~40명	2005. 9에 분리
4	수요예배	pm 6:00	40~60명	2003. 3월 시작
5	아침기도회	am 7:00(월~금)	10명~15명	2003. 5월 시작
6	토요성경공부	pm 1:30~3:30	20~30명	2003. 10월 시작
7	금요기도회	Pm 6:00~8:00	매월 넷째 주 금요일	
예배 인원은 평균 출석을 수치화 하였습니다.				

〈그림 2〉 창립 10주년 주일예배 후(2013. 8. 18)

· 출석 연령대

몽골의 인구비율은 0~30세까지의 인구비율이 전체 60%에 이르는 젊은 국가이다. 그러므로 어느 교회나 청년, 청소년들이 교회에 70%를 차지한다고 해도 과언이 아니다. 또한 어린양교회는 처음 한국에서 온 단기팀들을 활용하여 교회가 개척되었기 때문에 초기에는 청소년과 청년들이 주류를 이루었고, 현재는 장년구역(속회)이 4개 정도가 형성되어 균형을 맞추어 나가고 있는 실정이다. 즉 장년과 노년들도 30% 가까이 교회의 인원 구성을 이루었다. 개척 당시 청소년들이 청년 대학생들도 성장하여 교회의 중심적인 역할을 감당하고 있다.

2) 교회의 조직과 교육

어느 정도는 전통적인 교회의 형태로 조직을 형성하였다. 담임자와 현지지도자인 전도사들 그리고 교회의 행정을 지원하는 행정간사와 전문통역과 찬양단, 예배부, 안내부, 지역교회 봉사부, 소그룹 지도자.

· 조직

2003년 개척 이후 어린양교회는 많은 변화를 겪어왔다. 이런 와중에 많은 선교사들이 초기에 많은 수고와 역할을 감당하였다. 아래의 조직표는 2013년 12월을 기준으로 현재의 조직 상황을 정리한 것이다. 초기의 조직과의 차이는 교회의 조직의 대부분을 현지인들이 차지하고 역할을 하고 있는 것이다. 그동안 현지인에게 리더십을 발휘할 기회를 주려고 노력한 것의 열매라고 볼 수 있다.

〈표 8〉 어린양교회 조직(2013)

직임	담당자	참고
담임자 / 개척교회	김종진 선교사	전임
찬양디렉터 / 어린양찬양단	장희수 선교사	파트
전체관리 / 소그룹 / 교육	어뜨겅자르갈 전도사	전임
중고등부 / 도서관 / 세례교육 / 기숙사	찬챠돌람 전도사	전임
아동부	톨가전도사	파트
찬양파트	절자야전도사	전임
행정 사무 / 재정 / 사랑의 학교	오랑치멕	전임
관리부 / 사회봉사부	바트바타르	자원봉사

〈그림 3〉 사역자들과 협력선교사들(2013.12)

참고로 2006년도에 만들어졌던 어린양교회의 조직/역할을 담은 '협력자'들 이란 제목으로 정리되었던 내용을 아래에 원본 그대로 실어본다.

〈표 9〉 협력자들(2006) 대표: 김종진 선교사(목사)

	위원회	담당		참고
		위원장	총무/서기	
1	예배위원회	김종진		
2	재정위원회	문현분	권은영	
3	교육위원회	장지홍	교회학교 교장	
4	소 그 룹	본 부	수흐바트	
5	전도위원회	문현분	자가	
6	청년위원회	조반석 고재형	권은영	네르구이, 새나, 큰오잉가
7	사회봉사부	최용현	소 톨가	
8	문화센터	조반석	챈데	
9	도서관	박인규		
10	아카데미	본 부	최용현 권은영 조반석	
11	장학위원회	조반석	윤은교	
12	개척교회지원	권은영	어 기	어유카
13	기숙사	어 기	히시게	
14	관리위원회	최용현	벌더 투러	
15	어린양찬양단	장희수	어기/절러	
16	예배찬양위원회	장희수	어기/투러	
17	신학생위원회	본 부	어기	
18	사랑의 빵	장지홍		금) 어른 여자들
19	아동부공부방		청년들	시간별로 아동들 관리

2013년과 2006년도의 조직과 협력자들의 내용을 분석해보면 2013년도는 조직이 아주 단순화되어서 현지인들을 중심으로 사역이 진행되고 있음을 알 수 있다. 그리고 2006년도에는 교회가 개척된 지 3년 정도 지난 시점이라 한국인 선교사들의 역할이 곳곳에 많이 나타나고 있다. 그만큼 한국 선교사들이 초기 어린양교회에서 많은 역할을 하였고, 수고와 헌

신을 하였음을 알 수 있다. 2006년과 2013년 사이에 김종진 선교사가 1년동안의 안식년 휴가를 다녀왔다(2007. 3~2008. 8).

풀러신학교에서 논문을 쓰는 시점에서 2006년도의 자료와 2013년 자료를 비교하면서, 2006년에는 아직 사역의 초기 단계라 다양한 사역을 시도하였고, 다양한 아이디어를 실천해 본 기간이라는 것을 알았다. 이런 시도와 실험을 거쳐서 어린양교회가 원래 설립 목적을 따라서 자리를 잡아갔고, 현지인들이 자라나서 사역을 이어받아, 현지인들이 할 수 있는 사역이 재편성되었음을 알 수 있다. 즉 복잡하지 않고 단순한 본연의 사역에 집중하게 된 것이다.

또한 2006년도에 있었던 사역 중에서 현재 중단된 사역들은 적합한 현지인 지도자들이 나타나면 다시 이어나갈 것들이 있다. 예를 들면 사랑의 빵 사역, 전도팀, 문화센터, CMC 아카데미 사역과 같은 것이다.

· 소그룹

사명 선언서

소수의 사람들(4명에서 10명)을 그룹 속에서 연결시켜 그리스도의 모습을 닮아가도록 하고, 서로 사랑하게 하며, 교회의 사역에 기여하게 하여, 하나님께 영광을 돌리며, 모든 족속으로 제자를 삼게 한다.[19]

위의 글은 윌로우크릭 교회의 소그룹을 위한 사명 선언서이다. 성경

19) Bill Donahue, 윌로우크릭 교회 소그룹 이야기(*The WILLOW CREEK Guide to LEADING LIFE-CHANGING SMALL GROUPS*), 송영선 옮김, 서울: 도서출판 디모데, 1999:24.

적이고 선교적인 내용을 담은 선언서라서 어린양교회의 소그룹을 위한 지침처럼 활용하고 있다.

소그룹은 초대 교회 구조의 가장 중요한 부분이었다. 그들은 개개의 지체들이 서로 섬기고 영적 은사를 사용했으며, 그리스도의 가르침으로 제자화하기에 충분할 정도로 작은 구조였다.[20] 예수께서도 자신을 따르는 이들을 위해 공동체를 만드셨고, 바울과 베드로, 그리고 다른 교회 개척자들도 그들이 가서 복음을 전하는 곳마다 새로운 공동체를 시작했다. 이런 새 공동체들은 처음에는 소그룹으로 시작되었으며, 예수께서 열두 제자와 더불어 시작하신 모델을 본받은 것이다.[21]

> 셀은 예배를 드리고, 하나님을 경험하며, 서로 섬기며, 또한 지역사회를 섬기며 복음을 전하는 등의 목적을 위해서 조직되어 있는 소그룹 안에 있는 그리스도의 몸의 유기체이다.[22]

어린양교회의 소그룹은 2011년에 시작되었다. 2006년부터 장년부들이 비공식으로 모임을 가져오기는 했지만, 공식적으로 그룹을 나누어서 이름을 정하고 지도자를 정한 것은 2011년이었다. 몽골은 교회의 역사가 아직 길지 않아서 소그룹이 자리를 잡는 데에 시간이 걸리기도 했지만, 여유 있게 소그룹에 관한 생각이 교우들에게 다가가도록 진행을 하였다.

매주 주일예배 후에 교회에서 그룹별로 모인다. 시간은 40~50분 정

---

20) Bill Donahue, 1999:31.

21) Bill Donahue, 1999:31, 막 3:14, 눅 6:12-19.

22) David Finnell, 셀교회 평신도지침서(*A Simple Guide to Active Cell Life*), 박영철 옮김, 서울: 도서출판 NCD, 2000:28.

도이고, 교회에서 준비한 간단한 차와 과자를 먹으면서 생활을 나누고, 주일 설교 말씀을 듣고 느낀 점을 서로 나누고 기도하는 것으로 마무리를 한다.

소그룹의 활성화를 위해서 소그룹 지도자들을 위한 '소그룹 운영지침'을 마련하여 교육하였다.

· 소그룹 개선점

어린양교회는 그동안 전체 예배와 찬양 그리고 프로그램 중심의 교회를 운영하였다. 소그룹에 대해서는 처음부터 계획을 가지고 있었으나, 그 진행은 점진적으로 자리 잡아 나가도록 의도하였다. 현재 2011년부터 시작된 소그룹의 형태는 자생적인 형태를 띠고 있을 정도로 그동안 소그룹 지도자에 대한 교육과 지도를 거의 하지 않았다. 그래서 앞으로 지도자 교육과 행정적인 관리를 함께 하려고 한다.

그리고 어린양교회의 소그룹은 아직 성경에서 언급하고 있는 집마다 돌아가서 모이는 모임을 하지 않고 있다. 또한 아직 소그룹에서 헌금을 하지 않고 있다. 이 부분에 대해서는 교육을 통해서 각 그룹의 자율적인 결정으로 서서히 진행하도록 유도하는 것이 교회의 방침이다.

3) 소그룹 운영 원리

이 운영 원리는 2014년 1월 8일에 모인 어린양교회 소그룹 지도자들을 위해서 마련한 교육자료이다. 교육내용은 아래와 같다.

성경: 마태복음 18:20[23)] / 사도행전 2:46[24)]

소그룹은 하나의 작은 교회이다. 가정에서 모일 수도 있고, 교회에서나 사무실이나 카페에서 모일 수도 있다. 모임의 시간은 40분에서 1시간 정도, 집에서는 여유 있게 2~3시간 정도 모일 수도 있다. 친교적인 요소가 강하면 성장할 수 없다. 분리를 통해서 또 다른 작은 교회 즉 소그룹을 만들어야 한다.

i. 분리의 원칙

반드시 조장과 부조장이 있어야 한다.

부조장은 출석 체크 회비 등을 걷는 업무를 한다.

12명~15명 이상이 되면 서서히 분리를 준비해야 한다.

분리할 때는 문제가 있거나 조금 약함 팀을 조장이 맡고 나간다. 새로운 교회를 낳는 비전을 처음부터 가지고 있어야 한다.

ii. 말씀과 삶의 균형 원칙

나눔을 할 때, 삶을 나누고 또한 말씀도 꼭 나누면 좋다. 그리고 나눔을 통해 들은 것들을 가지고 기도해야 할 때도 있다.

iii. 한 달에 한 번은 헌금하는 시간을 가지면 좋다.

이 헌금은 국외 선교를 위해서 드려지는 것이다.

그래서 matching system으로 하려고 한다.

---

23) 두세 사람이 내 이름으로 모인 곳에는 나도 그들 중에 있느니라

24) 날마다 마음을 같이하여 성전에 모이기를 힘쓰고 집에서 떡을 떼며 기쁨과 순전한 마음으로 음식을 먹고

예) 5,000투그릭 + 교회에서 5,000투그릭 = 10,000투그릭을 여러분이 기도하는 곳에 보낸다.

iv. 한 달에 한 번은 집에서 모이는 것도 생각해 보라

간단한 음식, 혹은 각자가 조금씩 준비한 것들로 파티를 준비해도 된다.

〈표 10〉 소그룹 지도자 명단(2013)

	소그룹 이름	지도자	부지도자
1	네드와르	자기	졸라
2	빛과 소금	어기	다와
3	마라나타	다시카	강체첵
4	하이르	게, 톨가	
5	이트겔	첸데	바기
6	아마르테왕	뱜블레	얼릉
7	달란트	데, 톨가	너르와
8	테브체르	찬차	올랑거
9	에나꼬레	찬차	
10	이네를	바타	엥흐바야르
11	새항 세트겔	인드라	철멍
12	둘긍 장	수흐바트	어유나
13	딜라르힐	알타	나사
14	이트겜지트	강툭스	히시게

〈그림 4〉 어린양 지도자 세미나 모습(2014.1)

4) 교육

어린양교회의 교육은 성경 교육에 중점을 두었다. 성경 교육을 시작하게 된 이유는 성경적인 세계관을 가지고 어린양교회의 교우로서 교회를 책임지고, 몽골의 복음화를 위해 섬기는 일꾼들을 많이 양성하고자 하는 것이었다.

5) 전교인 단계별 성경공부

전 교인을 대상으로 한 성경공부는 2004년 11월부터 시작되었다. 당시 성경공부를 시작하게 된 동기는 교회가 개척된 이후에 처음 믿기 시작한 교인들에게 기독교의 진리를 성경적으로 교육하여 바른 기초 위에 세우기 위함이었다.

1년을 전후반기로 구분하여 두 학기로 진행되고 있다. 매주 토요일 오후 1:30부터 3:30까지 6~8개의 그룹으로 모여서 진행되는 이 성경공부는 처음에는 선교사들과 한두 명의 현지 리더십이 진행했는데, 5단계를 수료한 사람들이 1단계 성경공부인도자로 투입하는 것으로 시작되어 현재는 거의 모든 그룹이 현지인들이 양육을 감당하는 구조로 전환되었다.

6) 세례교육

세례식은 1년에 부활절과 성탄절에 시행하고 있다. 현재 2003년 12월에 시작된 세례는 성탄절과 부활절 그리고 교회창립일(8월 셋째 주 주일)에 세례식을 거행하는데 약 120여 명의 청소년 청년 장년 세례교인이 교회를 섬기고 있다. 세례교육은 기본적으로 6개월에서 9개월 이상 교회 출석을 한 사람 중에서 지원을 받아 4주간의 세례교육 참석을(100% 출석) 의무화하고 있다. 교육이 끝난 이후 시험을 치르고(70점 이상을 요구함. 노인들은 예외), 이 과정을 통과한 사람을 대상으로 문답 과정을 거쳐 구원의 확신과 기독교의 성경적인 가르침을 수용하는 사람에게 세례를 베풀고 있다.

〈그림 5〉 세례식 및 세례자들(2013.12)

2004년 부활절부터 2013년 성탄절까지 어린양교회에서 교육을 받고 세례를 받은 사람들은 모두 165명이다. 2003년 8월에 교회가 개척되어 모두 17번의 세례식이 있었다. 2007년도에는 김종진 선교사가 안식년 중이라 세례식이 없었고, 2011에는 부활절에 한 번 세례식이 있었다. 2013년 성탄절에는 9명의 세례자 중에 7명이 유아세례를 받았다. 이 아이들은 모두 어린양교회의 청년들이 자라나서 가정을 이루고 2세들을 세례받게 한 의미 있는 것이었다.

어린양교회의 세례식을 통해서 구원받은 166명의 사람 중에는 세상을 떠난 이들도 있고, 이사를 통해서 다른 교회로 간 사람도 있고, 외국으로 나가서 유학하는 이들도 있다. 또한 믿음에서 떠난 이들도 있다. 한 가지 분명한 것은 교회가 세워지기 전에는 예수님을 알지 못하는 이들로서 교회가 세워지고 복음을 듣고 하나님의 백성이 된 사람이 166명이 된 것이다. 그리고 이제는 그들이 장성하여 가정을 이루고 2세들을 하나님 앞으로 이끌어 나와서 하나님께 드리는 대를 잇는 신앙의 모습을 볼 수 있다.

〈2004~2013년 연도별 세례자 수: 165명〉

2004년	40명	
2005년	22명	
2006년	20명	
2007년	없음	김종진 선교사 안식년
2008년	8명	
2009년	21명	

2010년	14명
2011년	8명
2012년	11명
2013년	17명

6. 요약

이 장에서는 선교사 주도 시기에 토착교회가 어떻게 개척이 되었는지를 어린양교회의 개척을 통해서 구체적인 사례들을 다루어 보았다. 어린양교회에 대해서 간략한 소개와 더불어 역사적인 연혁을 소개하였다. 또한 토착교회가 개척되면서 어떤 선택을 하였는지를 소개하고, 개척하면서 정해놓은 원칙들이 무엇인지, 그리고 교회개척을 위한 방법들에 대해서 언급하였다. 그리고 현재의 교회 모습에 대해서 지도자들, 협력자들, 소그룹 지도자들 그리고 그동안 세례받은 사람들의 명단을 정리하였다.

다음 장에서는 어린양교회의 개척과 성장을 이해하기 위한 선교방법론으로 네비우스의 자립 교회와 맥가브란의 토착교회의 이론을 설명하게 될 것이다.

제5장

토착교회 개척의 이론적 바탕

5장에서는 토착교회인 어린양교회의 성장을 이해하기 위해서 네비우스의 선교방법론과 맥가브란의 토착교회 원리에 대해서 다룬다. 이 장은 토착교회를 이루기 위한 원리들이 소개되어 있다.

몽골 하나님의 어린양교회는 전형적인 타문화권 교회개척유형이다. 완전히 다른 언어, 문화, 전통, 인종, 역사적 배경을 가진 몽골에 외국인으로서 선교사가 들어가서 그들의 언어를 익히고, 그들의 언어로 복음을 전하고 교회를 설립하여 현지 지도력을 양성하는 교회개척을 하였기 때문이다.

1. 네비우스의 토착교회

존 네비우스는 누구인가?

한국 교회에 잘 알려진 네비우스의 선교 원리는 존 네비우스(John Livingston Nevius, 1829-1893) 박사에 의해서 고안된 선교방법론을 말한다. 그는 뉴욕의 Ovid에서 태어났고, 1853년 프린스턴 신학교에서 BD학위를 받았다. 그는 미 장로교 선교회로부터 중국의 Ning Pong 지역으로 파송을 받았다(1859-1861). 그리고 1859-1861 기간에는 일본에서 활동했고, 다시 1861-1864 기간에는 중국 Tungchow의 Shantung 지역에서 활동했다. 그리고 Chefoo지역에서 1871-1893까지 선교활동을 하였다.

1880년 초에 한국을 여행한 후에 그는 교회 개척의 원리를 구상하였고, 후에 'Nevius Method'(네비우스 방법론)란 글을 1885년에 중국에서 출판하였다. 1890년엔 그는 한국 장로교회 선교사의 초청으로 한국을 방문하여 자신의 이론에 대한 교육하는 일을 하였다. 그의 원리는 한국 교회에서 채택이 되어서 광범위한 성장을 맛보게 되었다.[1]

1) 네비우스 방법론의 탄생

1890년 중국의 장로교 선교사 존 L. 네비우스 박사는 한국에서 활동하고 있는 7명의 젊은 선교사들의 초청을 받게 되었다. 젊은 선교사들은 1885년에 'Chinese Recorder'란 선교잡지에 네비우스 박사가 연속으로 기고한 글에서 밝힌 새로운 선교 방법론에 대한 가르침을 요청하였다. 2주간 동안 네비우스 박사와 한국 선교사들은 네비우스 박사의 글을 통해 네비우스 방법론의 원리를 어떻게 적용할 것인가를 토론하였다. 후에 이 글들은 수집되어 90여 페이지의 책으로 편집되어 나오게 되었고, 한국에서 활동하는 수많은 선교사에게 영향을 주어 한국에서 선교현장의 급속한 성장을 가져오게 하는데 기여하게 되었다.[2]

브루스 헌트는 위 책의 4번째 개정판에서 초창기에 이 원리를 채택한

1) Nevius, L. John, *The PLANTING and DEVELOPMENT of MISSIONARY CHURCHES*. Canada: Gregory Edward Reynold, 2003:7.

2) Nevius, 2003:12.

사람들은 단지 100여 명이었으나 1958년 현재 자전, 자치, 자립하는 교인수가 800,000명에 이른다고 말하고 있다. 당시 한국 선교사들은 네비우스 박사가 제안한 방법론을 아주 중요하게 생각하여 네비우스 원리를 선교정책으로 수용하였고, 초임 선교사들에게 이 원리들을 복사하여 주면서 이 원리들을 현장에서 적용해 볼 것을 권면하였다.[3)]

2) 네비우스의 원리들

이 장에서 네비우스는 선교사역이 크게 옛 방식과 새 방식에 대한 것이 있다고 언급했고, 또한 선교사들이 새신자를 어떻게 다루는가에 따라서 토착교회 형성에 큰 차이가 난다고 언급하였다. 그리고 우리가 일반적으로 알고 있는 네비우스의 원리들에 대해서 언급하고 있다.

3) 옛 방식과 새 방식

네비우스는 중국의 선교사역에는 두 가지 방식이 있다고 말하고 있다. '옛 방식'과 '새 방식'이 있는데 둘 다 궁극적으로는 독립적이고 자립적이며 적극적인 현지 교회의 설립을 추구한다고 주장했다.[4)]

네비우스는 옛 방식과 새방식에 대한 특성들을 분석하고 있다.

i. 옛 방식은 주로 유급 사역자에 의존한다. 그리고 외국 자금을 사용함으로써 발전의 최초 단계에서 현지 교회들의 성장을 북돋우고 자극하고자 노력하며 그 후 점차적으로 그러한 자금의 사용이 중단되기를 기대한다. 옛 방식은 실행할 수 있는 한, 현지 교회 교인들 가운데서 가장 진

---

3) Nevius, 2003:12.

4) 곽안련, 한국 교회와 네비우스 선교정책(*The Nevius Plan for Mission Work*), 박용규 김춘섭 옮김, 대한기독교서회, 1994:25.

보적이고 지성적인 자들을 유급 매서인, 성경중개상, 복음 전도사 혹은 선교 거점(또는 지교회)의 지도자들로 이용한다.

ii. 새 방식(네비우스 방법)은 유급 현지인 매개자의 가치를 덜 인정하며 그들의 수를 최소화하고자 한다. 그리고 독립과 자기 의존의 원리를 아예 처음부터 적용할 때 독립적이고 자립적이며 적극적인 현지인 교회의 설립이 가장 빨리 이루어진다고 믿는다. 새 방식은 현지 매개자로 고용된 사람들이 자신들의 본 고향과 일터에 그대로 머물러 있을 때 궁극적으로 훨씬 더 유용할 것이라고 믿는다.

iii. 옛 선교 시스템으로는 그 사람이 설교가이든지 교인이든지 참과 거짓 일꾼의 구분이 어렵다.[5] 현지인들을 고용하는 시스템은 고용에 관한 관심과 더불어 돈에 관한 관심을 가진 기독교인을 양산하게 된다.[6] 그러므로 고용 시스템은 월급을 받지 않는 자원봉사자가 생기지 않는 방향을 나아간다.[7] 고용 시스템은 결국은 선교사들이나 현지인들에게도 영향력이 없는 결과를 낳게 된다. 'rice Christian'을 만들어내게 된다.[8]

4) 어떻게 새신자를 다룰 것인가?

네비우스는 중국에서 토착민 선교를 하면서 느낀 것 중에서 중요한 부분을 발견하였는데, 사람들이 자신이 있는 곳에서 예수 그리스도를 만나고 변화 받게 되면 선교사들이 그들을 도시로 불러들여서 신학을 시키거나 도시 교회에서 섬기는 일을 시킨다는 것을 알게 되었다. 네비우스는

5) Nevius, 2003:24.

6) Nevius, 2003:26.

7) Nevius, 2003:26.

8) Nevius, 2003:26.

이러한 선교사들의 행동이 결국 토착교회를 세울 수 있는 일꾼을 그 교회로부터 없애버리고 계속해서 의존적인 교회로 남게 하는 원인 중의 하나로 보았다.

그래서 네비우스는 신앙인이 변화 받은 그곳 '부름 받은 곳에 머무르게 하라'는 중요한 지침을 주장하였다. "각 사람은 부르심을 받은 그 부르심 그대로 지내라"(고전 7:20) 자신의 직업과 영향력이 남아있는 부름 받은 자리에 그대로 머물러 있는 것은 중요하다.[9] 이러한 사람들이 자신이 있는 곳에 자기의 직업을 가지고 지역교회를 섬길 수 있어야 한다.

토착교회는 결국 새로운 신자를 어떻게 양육하고 재생산하는 과정으로 이끌 것인가가 참으로 중요한 이슈가 된다. 이렇게 남아있는 자들을 위해서는 훈련이 필요하다. 이 훈련은 그리스도를 위해 자신을 준비하는 과정이 요구된다.[10] 주님께 자신을 드린 회심한 자들이 필요하다.[11]

그러므로 민경배는 교회가 이룩한 모든 성공의 저변에 그리스도의 사람으로 헌신된 자들을 훈련시키는 일에 있어서 성경공부에 대한 집중적인 강조가 필요하다고 주장하고 있다. 또한 민경배는 그 밖의 어떤 것도 성경공부 대신에 그 자리를 차지할 수 없다고 믿는다. '네비우스 정책'으로 선교 방식을 바꾸고 싶어 하는 현장들은 당연히 이 성경공부로부터 출발해야 할 것이라고 주장했다.[12]

우리는 한국에서 일할 때 이 백성에게 믿으면 무엇을 얻게 되는 유도로서의 기

9) Nevius, 2003:34.

10) Nevius, 2003:37.

11) Nevius, 2003:38, 'Commit converts to the Lord'

12) 민경배, 한국기독교회사, 서울: 대한기독교출판사, 1986:322.

독교가 아니라 복음 그것을 주겠노라는 이 한 가지 결의 만을 가지고 있었다. ……. 복음의 메시지만을 가지고 직접 이 백성들을 찾아가는 것 말이다.

- William Newton Blair[13]

5) 중요한 원리들

곽안련은 네비우스의 원리를 아래와 같이 요약하여 정리하였다. [14]

① 선교사가 개인적으로 널리 순회하며 전도함

② 사역의 모든 분야에서 성경이 중심이 됨

③ 자전: 모든 신자는 다른 사람을 가르치는 자가 되며 동시에 자기보다 나은, 다른 사람으로부터 배우는 자가 된다. 모든 개인과 집단(소수 그리스도교인의 모임)은 휘문이법에 의해 사역을 확장 시키려고 노력한다.

④ 자치: 모든 그룹은 선임된 무보수 영수의 관할을 받는다. 순회 교구들은 나중에 목사가 될 유급 조사들의 관할을 받는다. 순회 집회시에는 교인들을 훈련시켜 훗날 구역, 지방, 전국의 지도자가 되게 한다.

⑤ 자립: 신자들이 스스로 마련한 예배당을 소유한다. 각 그룹은 창립되자마자 순회 조사의 봉급을 지불하기 시작한다. 학교조차도 부분적인 보조금을 받도록 한다. 이것은 설립될 당시에만 필요하다. 개교회의 목사에게 외국의 자금으로 사례금을 지급하지 않는다.

⑥ 모든 신자는 그룹 영수와 순회 조사 아래서 조직적인 성경공부를 한다. 그리고 모든 영수와 조사는 성경연구 모임을 통해 조직적으

13) 민경배 1986:191.

14) 곽안련, 1994:44-45.

로 성경을 공부한다.

⑦ 성경적 형벌을 통해 엄격한 징계를 실시한다.

⑧ 다른 선교단체와 연합하고 협력한다. 아니면 최소한 영역이라도 분리한다.

⑨ 법정소송이나 그와 유사한 문제에 대해 간섭하지 않는다.

⑩ 민중의 경제문제에서 가능할 경우 일반적인 도움을 준다.[15]

민경배 박사가 정리한 네비우스 방법론에는 곽안련 박사의 요약 중에 9번째 항목이 빠져있다. 그리고 민경배는 네비우스의 방법론이 '강력한 자립성과 광범위한 순회 선교, 성서에 대한 압도적인 강조가 그 기조였다.' 말하고 있다.

6) 필요한 조건들

민경배는 네비우스 방법을 확립함에 있어서 반드시 필요한 조건들 7가지를 제시하고 있다.[16]

첫째, 네비우스 방법을 철저히 신봉하고 이것을 아무런 거리낌 없이 수용하며 이 원리를 용기 있게 밀고 나갈 일단의 선교사들이 하나의 단위로 있지 않으면 안 된다. 확실히 네비우스 원리의 추진은 용기를 필요로 한다.

둘째, 연약한 형제들은(선교사들) 자신들의 선교현장 상황에 그들을 도와주고 그들을 강력하게 붙들어 둘, 1891년의 규범과 같은 것이 있어야

15) 민경배, 1986:191-192, 민경배 박사가 정리한 네비우스 방법론에는 곽안련 박사의 요약 중에 9번째 항목이 빠져있다. 그리고 민경배는 네비우스의 방법론이 '강력한 자립성과 광범위한 순회선교, 성서에 대한 압도적인 강조가 그 기조였다.' 말하고 있다.

16) 민경배, 1986:322-324.

한다.

셋째, 진행되고 있는 상황을 점검하기 위해, 강력한 지부 조직이 있어야 한다.

넷째, 복음 전도 사업은 물론 의료 사업, 교육 사업 및 일반 사역 등 모든 분야의 사업이 동일한 정책 위에 진행되어야 한다.

다섯째, 사경회 조직이 없다면 이 정책이 성공할지 의문스럽다. 이 순회 제도는 모든 교회를 함께 성장하도록 붙들어 주며 특별히 지도자들에게 책임을 이행할 수 있는 자질을 갖추어 준다.

여섯째, 이 정책의 한 요소인 자립이 확립되기 위해서는 충실한 영역 분할 계획이 거의 필수적이다.

일곱째, 한국의 선교사들과 그리스도교인들은 성경을 권위의 책으로 받아들인다.

이 조건들 모두는 당시 피선교지였던 한국의 상황하에서 절대 필요한 것이었으므로 선교적으로도 주목할 만한 원리가 될 수 있는 가치가 있다. 네비우스 정책의 원칙들이 한국 토착교회의 자치와 자립을 이뤄내는데 탁월한 결과를 가져온 가장 중요한 요인이었다고 생각한다.

7) 요약과 평가

흔히 한국 교회의 성공적인 성장의 요인으로 네비우스의 3자 원칙을 말하고 있는데 사실 네비우스는 방법론의 원형이 되는 9가지 원칙을 제시하고 있다. 물론 단순히 자치 자전 자립이라는 말로 설명하기에는 네비우스 박사의 원칙은 좀 더 치밀하고 자세하게 언급된 것이 사실이다.

현재 미전도종족에 토착교회를 개척하는 일에 있어서 100여 년 전에 적용된 네비우스의 선교정책을 적용하는 것은 좀 더 깊은 재해석이 필요하고, 또한 적용할 때에 깊은 연구를 통해 진행될 필요가 있다고 본다.

· 요약

민경배 박사는 존 네비우스 박사의 원칙은 강력한 자립성과 광범위한 순회 선교, 성서에 대한 압도적인 강조가 그 기조였다고 요약하고 있다.[17] 나아가서 존 네비우스 박사는 당시 중국 선교의 경험자로서 옛 선교방법론으로 서양 선교를 비판하고 있는데 아래에서 언급되는 몇 가지 항목을 비교하는 것이 중요하리라 본다. 고용 시스템은 월급을 받지 않는 자원봉사자가 생기지 않는 방향을 나아간다. 고용 시스템은 결국은 선교사들이나 현지인들에게도 영향력이 없는 결과를 낳게 된다. 'rice Christian'을 만들어내게 된다.[18]

위에서 언급된 네비우스 박사의 지적들은 선교지에서 사역하고 있는 많은 선교사와 외국인 사역자들에게 자신의 사역을 돌아보게 하는 시금석이 될 수 있다.

· 평가

어린양교회도 사실 위의 범주에 해당할 수 있는 많은 실수를 한 것이 사실이나, 처음부터 토착교회의 지도력 양성과 더불어 자립적인 교회로 진행되어 지도력 이양을 목적으로 교회개척을 진행하였기 때문에 다행히도 많은 실수를 줄여나갈 수 있었다. 사실 초반부터 염려했던 것은 맥가브란이 언급했던 선교기지 이론이나 네비우스가 언급한 'rice christian'을 만들지 않기 위해서 노력한 것이 사실이다.

17) 민경배, 1986:191-192.

18) Nevius, 2003:26.

그럼에도 불구하고 한국 교회의 해외 선교의 시대적인 흐름에서 완전히 벗어나지 못한 것이 사실이다. 교회개척을 위한 땅을 구입하고, 교회 건물을 건축하는 과정에서 선교사(후원교회 및 선교기관)가 주도하는 일반적인 흐름을 따라서 진행한 것은 좀 더 깊은 숙고와 반성이 필요하다.

초기 한국 교회 성장의 중요 원리를 제공했던 John L. Nevius의 원칙을 통해서 어린양교회를 바라볼 필요가 있다고 생각했다. 특별히 자립 자전 자치의 원칙의 입장에서 어린양교회를 평가할 수 있다.[19)]

자전은 현재 정상적으로 이뤄지고 있다고 본다. 지역사회에 복음을 전하고 또한 지방에 나가서 설립된 교회를 돕고 전도하는 일들은 이제 선교사의 구체적인 도움 없이 스스로의 힘으로 진행하고 있다.

자치도 부서별로 조금씩은 차이가 있지만, 많은 부서들이 독자적인 의사결정과 진행 구조를 가지고 움직이는 것을 볼 때, 부분적인 자치가 이뤄지고 있다고 본다.

그리고 자립에 관한 부분에서 영적인 부분에서는 어느 정도 자립이 이뤄지고 있다고 본다. 성경공부를 인도하는 일들은 대부분이 현지인이 맡고 있기 때문이다. 설교 부분은 이제 분담하는 비율이 조금씩 높아가고 있고, 현지지도자의 목사 임직을 계획하고 있기 때문에(2014. 9) 멀지 않아 말씀을 공급하고 가르치는 부분에서도 선교사의 비중이 많이 감소될 것이다.

그리고 재정적인 부분에서는 2013년을 기준으로 볼 때, 교회의 운영과 일꾼들에 대한 사례비 지급 등에 대해서 재정 공급이 90% 정도 자립이 되는 상황이다. 물론 여기에 선교사에 대한 지원은 빠져있고, 몽골 목회자에 대한 부분은 포함되어 있다. 이 부분은 지속적으로 책임 있는 성

---

19) Marlin L. Nelson 1993:36-38.

도로서 교회의 운영과 일꾼들에 대한 책임의식을 교육하고 있고, 바른 헌금에 관한 교육도 세례교육이나 일꾼 교육 등을 통해서 지속적으로 강조하고 있다.

그러므로 처음 신자를 어떻게 다룰 것인가? 에 대한 정책으로 네비우스가 언급한 것처럼 '부름 받는 곳에 머물게 하라'는 원칙을 고수하려고 했다. 자신의 직업과 영향력이 있는 부름 받은 그곳에 그대로 머물러 있는 것이 중요하다.[20]

특히 네비우스가 제시했던 한 가지 전제가 어린양교회에 더욱 신중하게 적용되어야 함을 알게 되었다. 그것은 젊은 회심자를 고용하여 책임 있는 공적인 위치에 임명하기 전에 반드시 증명해야 할 절차가 필요하고 이후에 훈련이 필요하다는 네비우스의 주장에 관한 것이다.[21]

사실 선교지에서 현지인이 복음을 듣고 구원받은 이후에 많은 선교사가 쉽게 그들을 교회의 풀타임 직원으로 고용하고 교회에 책임 있는 지도자로 임명하는 것을 본다. 이러한 시간의 검증 과정 없이 임명된 현지인 지도자들로 인해 교회 안에 많은 문제가 일어나고, 결국은 선교사에게도 어려움이 다가오는 것을 본다.

어린양교회는 그동안 풀타임 일꾼들을 고용할 때, 적게는 1년 정도의 인턴과정을 통해서 그들을 검증하였다. 그리고 쉽게 교회지도자로 임명하는 일을 자제하고 스스로 공동체에서 훈련받고 검증되어 자연스럽게 지도자로 성장하는 과정을 중시하였다. 그래서 선부른 지도자들로 인한 문제가 거의 생기지 않았다.

---

20) Nevius, 2003:34.

21) Nevius, 2003:36-37.

2. 맥가브란의 토착교회 원리

맥가브란은 누구인가?

"We stand in the sunrise of missions."(우리는 선교의 초기 시발점에 서 있다)

이 글은 20세기 최고의 선교신학자로 인정받는 맥가브란(Donald A. McGavran, 1897~1990) 박사가 주창한 가장 대표적인 표어일 것이다. 맥가브란 박사는 인디아에서 선교사의 자녀로 태어났다. 그의 조부모 또한 인디아의 선교사였다. 그는 예일과 컬럼비아 대학교를 졸업하였다. 그는 선교사로 또한 선교단체의 디렉터로, 실력 있는 선교학자로서, 또한 유력한 선교학과를 설립한 학장이기도 하다. 그는 선교학과 교회성장에 관한 23권의 책을 집필하기도 했다.[22)]

그는 1937년부터 1954년까지 인도에서 선교사로 사역하였다. 1954년에 미국으로 돌아와서 인디애나폴리스의 선교대학교에서 가르쳤고, 1961년부터는 오리건의 크리스천대학교에서 가르치면서 교회성장 연구소를 운영했고, 1965년부터는 캘리포니아 파사데나의 풀러신학교에서 선교학자로서 수많은 제자를 길러내는 일을 하기 시작하였다.[23)]

> 맥가브란은 '선교학은 복음 전도의 과학으로서 하나님은 그의 교회와 신자의 공동체를 배가시키며 전인 구속을 확장시킨다. 선교학은 기독교 신앙의 전파를 취급하는데 이것이 바로 선교학의 중심이다.'라고 하였다.[24)]

---

22) McGavran, 1990:viii.

23) McGavran, 기독교와 문화의 충돌(*the clash between Christianity and culture*), 이재완 옮김, 서울: 기독교문서선교회, 2007:8.

24) McGavran, 2007:8.

인도의 선교사로 있었던 1930년 초부터 맥가브란은 왜 어떤 교회들은 전도를 효과적으로 하고 성장하는 반면 어떤 교회들은 쇠퇴하는가 하는 의문을 가지기 시작하였다. 그는 자신이 속한 선교회가 매년 1%에도 미치지 못하는 성장을 하고 있는 것을 발견하였다.

맥가브란이 특별히 영향을 받은 동시대의 인물로 인도에서 사역하고 있던 와스콤 피케트(J. Waskom Pickett)가 있다. 피케트는 서구 선교의 전통적인 개인주의적 전도 방식을 비판하고 인도와 같은 인종적이고 집합적인 문화 구조를 가진 사회에서 대중을 향한 대중 전도 운동을 일으킬 것을 주장하였다.[25)]

그는 피케트의 주장에 귀를 기울여 행정직을 포기하고 17년 동안 사트나마 종족을 위해서 사역하였다.[26)] 이 사역은 실질적인 열매들을 거두게 되었고, 약 1,000여 명의 인디아인들이 회심하였다. 이러한 직접적인 결과보다도 더 중요한 것은 맥가브란이 교회가 성장할 수 있다는 확신을 하게 된 것이다.

이 확신은 1955년에 *The Bridges of God*(rev. ed. Friendship Press, 1981, 하나님의 다리)을 출판하게 하였다. 현재 이 책은 전 세계 6개 대륙의 선교사들과 선교정책 담당자들에 의해서 읽히고 있다. 이 책에서 제시하는 새로운 아이디어들은 새롭고 논쟁을 불러일으키는 주제들이다.

1) 교회성장의 4가지 원리

피터 와그너는 맥가브란의 *Understanding Church Growth*의 제3판에서 맥가브란의 교회성장의 네 가지 원리의 토론할 주제들을 언급

25) 김성태, 세계 선교 전략사, 서울: 생명의말씀사, 1994:139.

26) 김성태, 1994:139.

하였다.[27)]

첫째는 교회 성장의 신학적인 주제에 관한 것이다. 선교의 최고의 목적은 잃어버린 자를 찾으시는 하나님의 의지이며, 또한 하나님께서 잃어버린 자들과의 화해이며, 나아가서 되찾은 사람들을 기독교교회의 책임있는 회원으로 인도하는 것이다.

둘째로 교회 성장의 윤리학적인 주제에 관한 것으로서 이 부분은 실용주의의 특성을 가지고 있다. 맥가브란은 하나님의 너무나 많은 자원들의 사용 - 개인적인 또한 재정적인- 에 대해서 경계하였다. 그는 보다 책임 있는 기독교 청지기 됨을 요청하였다. 즉 그는 선교사역에 대한 평가가 필요하다고 보았다.

셋째로 교회성장의 선교학적인 이슈로서 맥가브란의 'people movement' 즉 종족운동이론이다. 맥가브란의 이러한 태도는 자신의 맨토인 와스콤 피케트 감독의 집단개종 이론에서 영향을 받은 것이었다.

넷째로 절차적인 이슈는 제자화와 기독인의 완전 사이의 분명한 차이를 인정하는 것이다.

2) 교회성장에 관해서

교회성장은 하나님께 대한 충성의 표시이다. 하나님께서 기독교인들에게 원하시는 것은 그의 주인이 그렇듯이 잃어버린 자를 찾고, 또한 찾기 위해서 보내는 일이다. 교회의 성장은 하나님께서 기뻐하시는 일이다. 그러므로 기독교인들은 사랑하는 마음으로 구원자에 대해서 다른 사람들에게 증거해야 한다. 이러한 충성된 증거 없이 교회 성장은 있을 수 없다. 교회성장은 잃은 자를 찾는 것과 더불어 이들을 먹이고 양육하는

27) McGavran, 1990:ix~x.

과정을 포함한다.[28)]

교회성장은 근본적으로 신학적인 근거를 가지고 있다. 그것은 하나님께서 그것을 원하신다는 것이다. 교회성장 운동의 시초로부터 이것은 성서적이고 복음적이며 또한 회심의 신학이다.[29)] 교회성장과 부흥은 다양한 모습으로 나타날 수 있다. 각 문화의 상황에 따라 다르게 나타날 수 있고 또한 어떤 시간과 장소에 나타난 성장의 원리를 다른 곳에 동일하게 적용할 수 없다.

하나님은 그의 교회가 증가하는 것을 기뻐하신다. 다양한 문화에 세워진 교회는 그 시대와 장소에 특성에 따라 다른 모양으로 성장이 나타나게 될 수 있다.[30)]

맥가브란 박사는 성령의 광범위한 역할과 사역을 통해서 수많은 사람이 주께로 돌아온다고 언급했다. 또한 어떤 환경적 요인과 선교사들의 조건에 따라 교회가 성장하는가에 대해서도 조사하였다.

우선 그가 발견한 사실 중의 하나는 목사와 선교사들에 의해서 교회가 성장하기도 하고 현상 유지하고 또한 침체하기도 한다는 사실이었다.[31)]

두 번째로 그가 발견한 것은 평신도들의 역할에 따라 교회성장의 유무가 결정된다는 것이었다. 그러므로 교회성장은 많은 세례자들의 총합으로 보고 있다. 즉 새신자의 구령을 통해 진정한 교회 성장을 이룰 수 있다고 본 것이다.

세 번째로 그는 교회의 성장은 최근의 회심자들을 통해서 일어난다고

---

28) McGavran, 1990:6.

29) McGavran, 1990:8.

30) McGavran, 1990:17.

31) McGavran, 1990:107.

주장하였다. 최근에 믿은 사람들은 왜 교회가 성장했는지를 알 수 있는 중요한 자원이다.

· 교회성장의 3가지 요인들

맥가브란은 교회가 성장하거나 성장하지 않는 세 가지 요인을 가지고 있다고 말하고 있다.[32)]

i. 상황적인 요인이다. 이것은 교회와 선교단체가 변화시킬 수 없는 한 나라의 정치 사회 문화 그리고 환경적인 요인들을 말한다.

ii. 제도적인 요인들이다. 이러한 요인들은 교회와 교단들이 조정할 수 있는 것들이다.

iii. 영적인 요인이다. 이것은 성령께서 주권자이시기 때문에 상황적인 요인과 제도적인 요인에 종속되지 않는 요인이다.

> 가장 중요하고 대체할 수 없는 선교의 정의는 광범위하고 지속적인 하나님의 찾으심이다. 즉 선교의 최고의 목적은 교회 성장이다. 사회적인 봉사는 하나님을 기쁘시게 하지만, 그러나 이것은 결코 잃어버린 자를 찾는 일을 대체할 수 없다.[33)]

그러므로 맥가브란은 '인간을 위한 하나님의 프로그램'으로서 선교는 잃어버린 자를 예수 그리스도와의 살아있는 관계를 맺도록 하는 것이 가장 큰 주된 임무라고 말했다.[34)]

---

32) McGavran, 1990:19.

33) McGavran, 1990:22-23.

34) McGavran, 1990:23-24.

3) 동종집단의 선교

맥가브란은 사람들이 자신의 인종, 언어 그리고 신분 집단의 장벽을 넘지 않고 기독교인이 되는 것을 좋아한다고 주장하였다.[35] 사람들이 가장 빠르게 기독교인이 되는 것은 자신의 인종과 종족의 삶이 가장 적게 변화될 때이다. 자신들의 삶의 장벽을 넘어가지 않고 기독교인이 되기를 그들은 원한다.[36]

이것이 맥가브란 박사가 주창한 동종집단의 선교이론이다. 사람들은 자신들의 주변에 장벽을 만든다. 사람들은 다른 집단들과는 다른 사회적인 생활패턴, 말, 옷, 그리고 일들 속에서 살아간다. 세계는 여러 가지의 모자이크로 이뤄졌고, 사람들은 자신들만의 독특한 문화와 생활양식들 속에서 편안함을 느끼기 때문에 결코 함께 녹아지지 않는 인종적인 특성을 유지해 나간다.[37]

피터 와그너는 1979년에 그가 쓴 대표작인 책 *Our Kind of People*에서 미국 인구를 큰 8개의 그룹으로 나누어 볼 수 있다고 언급했다. 대부분의 교회공동체 신앙은 한 언어와 한 종족의 테두리 안에서 자연스럽게 교류하게 된다고 밝히고 있다.[38]

그러므로 교회 성장에 있어서 같은 종족과 같은 언어를 사용하는 그룹에 집중해야 한다. 같은 종류의 여러 가지의 배경은 모든 나라에서 교회성장에 영향을 줄 수 있다고 맥가브란은 주장하고 있다.[39]

동종집단의 원리는 교회 성장의 중심은 아니지만 그럼에도 불구하고

35) McGavran, 1990:46.

36) McGavran, 1990:165.

37) McGavran, 1990:163.

38) McGavran, 1990:46.

39) McGavran, 1990:166.

많은 상황에서 가장 적절한 교회성장을 위한 접근방법이다.[40] 맥가브란은 이런 동기를 가지고 동종집단의 원리를 제시하였고, 선교와 교회성장에 이 이론을 적용하였다.

맥가브란은 교회성장에 있어서 동종집단에 대한 이해와 분석 그리고 사회학과 인류학의 분석이 필요하다고 주장하였다. 이런 이유로 교회성장학은 과학적이고 통계적인 접근을 통해서 교회성장을 연구하고 분석할 수 있는 토대를 마련할 수 있었다.[41]

4) 하나님의 선교전략

Bridges of God

1955년에 맥가브란 박사가 쓴 이 책은 '하나님의 선교전략'에 관해 다룬 고전적인 책이다. 하나님은 전 세계에 복음을 전할 임무를 우리 기독교인 모두에게 주었을 뿐 아니라 나름의 선교전략까지도 세워 주셨다. 그 선교전략은 사람과 사람, 집단과 집단을 연결해 주는 다리를 통해서이다.

예를 들면 초대교회 때는 유대에서 그리스와 로마로 건너가는 다리를 통해 복음이 전파되었다. 바울은 이 다리들을 가장 잘 이용한 선교전략가라고 볼 수 있다.[42] 로마 전역에 산재하여 거주하던 유대 디아스포라들의 자원이 이 다리의 역할을 감당한 것이다. 이미 헬라어로 번역된 성경, 로마 전역에 통용되어 헬라어, 그리고 팍스로마나의 영향 아래에 안정된 도로망과 치안 등이 좋은 다리의 역할을 하였다.

---

40) McGavran, 1990:178.

41) McGavran, 1990:91.

42) Donald A. McGavran, 하나님의 선교전략(*The Bridges of God*, 이광순 역, 서울: 한국장로교 출판사, 1993:9.

이 책에서 밝힌 맥가브란 박사는 새로운 선교이론은 종래의 선교기지 중심의 선교에서 교회 중심의 선교로 전환되어야 한다고 주장하였다. 즉 선교란 교회개척과 교회성장을 병행하는 전략에 더해서 개개인의 개종이 아니라 집단적인 전체의 개종을 통한 기독교화를 이룩하는 것이다. 즉 하나님의 다리들 즉 곧 사람들을 연결하는 혈연과 지연 등의 연줄들을 통해 개인이 아니라, 그 개인이 속해 있는 집단 전체를 한꺼번에 개종시키는 족속운동들이 하나님의 선교전략이다.[43)]

· 개종자들에 대해서

하나의 족속 전체를 기독교화하기 위해서 하지 말아야 할 첫 번째 일은 개인들을 그 족속에서 빼내어서 다른 사회로 데려가서는 안 된다는 것이다. 족속들은 그리스도께로 향한 운동이 일어나는 그 사회 안에서 기독교인이 되어야 한다.[44)] 기존의 선교기지이론에서는 각 족속에서 개종한 사람들을 선교기지 안으로 불러들여 삶의 기반을 만들어주고, 그곳에서 교육을 받고, 지도자로 자라나게 되는데, 이런 이유로 수년이 지나 모든 것이 다 갖추어진 선교기지에 적응이 된 그가 개종한 족속 교회로 돌아갈 수 없는 사람이 되어 버리는 것이다.

그러므로 선교사들이 이처럼 개종자들을 그의 족속으로부터 분리시킴으로써 그들이 자기 족속에게 복음을 전파할 수 있는 잠재력을 많이 상실하도록 한 것이다. 그러한 잘못 때문에 자체의 진정한 지도력이 없어지고 주로 선교회나 선교사들에게 의존해서 유지되는 빈혈증에 걸린 교회

43) McGavran, 1993:10.

44) McGavran, 1993:30.

들이 생겨날 수밖에 없다.[45)]

· 종족운동에 대해서

> 종족들은 집단정신을 통해 그리스도를 믿겠다는 결심이 파도처럼 휩쓸게 되어 기독교인이 된다. … 단순한 개인의 총합보다 훨씬 더 많은 것을 포함한다. 이것은 연쇄 반응이라고 불릴 수 있다.[46)]

이방인들도 유대인이 되지 않고도 완전한 구원을 얻을 수 있다는 바울의 선언은 사회적으로 그리고 영적으로 굶주린 사람들에게 마땅히 주어져야 할 음식과 같은 것이었다.[47)]

맥가브란은 종족을 통한 개종에 대해서 로마제국의 개종을 예로 들고 있다.[48)]

첫째, 많은 지역에서 교회는 여러 족속이 함께 사는 국제적인 혼합도시들에서 성장했다.[49)]

둘째, 어떤 지역에서 초대교회의 족속운동은 엄격한 혈족까지 혼인을 통해서 족속들에게 건너갈 수 있는 다리를 발견했다.

45) McGavran, 1993:30, J. W. Pickett 재인용.

46) McGavran, 1993:30.

47) McGavran, 1993:58.

48) McGavran, 1993:61-63.

49) McGavran, 1993:62.

· 선교기지(Mission Station)

> 만약 근대 선교의 전형적인 어떤 측면이 있다면 그것은 거류지를 가지고 있는 선교기지이다. 분리의 골에 직면한 선교사들은 선교기지를 세웠으며 기독교인들의 거류지를 만들었다. 선교사들은 때때로 매우 어렵게 한 조각의 땅을 구입했다. 그들은 백인들이 살기에 적합한 주거지들을 건설했다… 선교기지는 보통 교통의 중심지에 있었다.[50)]

맥가브란은 근 2세기 동안 선교를 주도해온 선교기지(Mission Station)는 복음의 확장에 조금도 기여를 하지 못했다고 결론지었다. 그가 이러한 결론을 얘기한 이유는 비록 선교사들이 토착교회를 세우려고 최선을 다해서 노력했지만, 기독교 활동은 주로 선교기지를 중심으로 진행되었기 때문에 큰 결실을 맺을 수 없었기 때문이다.[51)]

이렇게 되는 가장 큰 이유는 개종자들이 본래의 자기들의 사회집단에서 벗어나 다른 선교기지에 있는 기독교인들과만 교제를 나누기 때문이다. 이들은 개종하지 않은 자신들의 친구나 친척들보다 자신들이 더 우월하다고 생각하기 때문에 그들을 복음화하는 데에 별다른 영향력을 발휘하지 않게 된다.[52)] 심지어 이들은 다른 사람들이 더 많이 개종하면 선교기지 내에서 자신이 받을 혜택이 적어진다고 생각하여 오히려 다른 사람이 기독교인이 되는 것을 방해하는 행동도 하게 된다.[53)]

---

50) McGavran, 1993:73.

51) Tucker, 2000:628.

52) Tucker, 2000:628.

53) Tucker, 2000:628.

기존의 선교 활동의 방법은 선교기지를 건설하는 것과 동시에 개종자들을 모으는 것이었다. 그렇게 해서 기독교를 받아들인 사람들은 자신들의 종족들로부터 가혹하게 추방당했으며, 그들 자신의 고향에서 쫓겨나기 예사였다. 그들은 선교 거류지에서 살게 되었는데, 대체로 그곳에서 고용되었다.[54)]

선교기지 접근법은 계속되었고 더욱 강화되었다. 그 이유는 거류지에서 기독교인 사역자들이 배출되었기 때문에 선교회는 의료 선교, 교육 선교, 복음전파 선교를 확장할 수 있었다.[55)] 그러나 일단 선교기지가 하나의 기관 중심지가 되고 나면 그 지역에서 그리스도를 향한 어떤 족속들의 행진을 시작할 수 있는 기회는 적어진다고 단언할 수 있다.

피켓트(Pickett)는 그의 기념비적인 연구에서 소위 족속운동이라는 것은 흔히 선교기지에서 수 마일 떨어진 곳에서 시작되었음을 지적했다.[56)] 이처럼 선교기지화 된 교회들이 가지고 있는 문제점들은 여러 가지가 있다. 거류지 교회들에는 종종 직원들이 너무 많다.[57)] 그 교회의 주된 교인들은 주로 대규모 선교 기관에 고용된 사람들로 이루어졌다.[58)] 그리고 선교 자원들은 교회의 자원을 훨씬 능가한다.[59)] 나아가서 이와 같이 거류지에 안착한 선교기지에는 성장이 거의 없다. 새로운 사업은 과거의 사업에 '속해 있는' 돈으로 수행되어야 한다.[60)] 결과적으로 '족속들의 제자화'가 목

---

54) McGavran, 1993:73.

55) McGavran, 1993:75.

56) McGavran, 1993:83.

57) McGavran, 1993:87.

58) McGavran, 1993:88.

59) McGavran, 1993:88.

60) McGavran, 1993:89.

적이 된다기보다는 사역을 위한 '선교사역'에서 끝나고 만다는 결과를 가져오게 된다.[61]

이와 같은 선교기지 접근법은 처음 형태에서뿐 아니라 그다음에 이어지는 확장에서도 돈이 많이 든다. 선교기지 접근법으로 양육된 사람들에게 기독교의 전파란 장기간의 교육과 그리고 기존 교회들이 비용을 지불하는 봉사를 하는 거류지 교회들이 점점 많아지는 것을 의미한다. 새로운 선교기지 하나하나는 선교회가 유지 비용을 부담하는 복음전파와 의료 및 교육을 의미한다.[62]

맥가브란은 최근에 세워진 새로운 개척교회의 성장의 90% 이상은 선교기지를 통해서 이루어진 것이 아니고, 족속운동에서 얻은 개종자들과 그 개종자들의 후손들로 구성되었다고 밝히고 있다.[63] 선교사가 현지의 기독교인들과 회중들에게 육신적이고 경제적인 도움을 적게 주면 줄수록 더 좋다는 것이 일반적으로 인정되고 있다.[64]

· 족속운동(People Movement)

선교기지의 단점을 극복하는 개선책은 무엇인가? 맥가브란은 이것을 족속운동으로 보았다. 기독교란 부유한 외국 선교회와 함께 사는 삶의 방식이라기보다는 차라리 그리스도와 함께 사는 삶의 방식을 의미하기 때문이다. 족속운동의 기독교인들은 외국의 자원에 덜 의존적이기 때문에 더 훌륭하다. 그들은 그 땅에 더 깊이 뿌리박고 있으며 또 그곳에서 계속

61) McGavran, 1993:90.

62) McGavran, 1993:191.

63) McGavran, 1993:99.

64) McGavran, 1993:110.

살 가능성이 더 크기 때문에 훌륭하다고 맥가브란은 언급하고 있다.[65]

하나님께서 주신 족속운동들의 다섯 가지 이점을 맥가브란은 말하고 있다.[66]

① 족속운동은 기독교 운동과 더불어 수십만 개의 마을들에 뿌리박고 영속적으로 존재하는 기독교교회들을 만들어내고 있다. 이 교회들과 신자들의 헌신은 자주 박해의 불꽃 속에서 시련을 받아 정금과 같이 되었다.

② 자연스럽게 토착화하는 이점 - 족속운동에서 새신자들은 선교사를 거의 쳐다보지 않는다. 이 말은 선교사에게 의존된 생활양식을 통해서 선교하는 것이 아니라 처음부터 자립적인 전도인 그리고 교회로서 생존해 나가는 것을 의미한다.

③ 교회의 자발적인 팽창은 자연스러운 것이다.[67] '자발적인 팽창'[68] 이란 새로운 개종자는 외국인 선교사들과 연관 없이 그들 스스로 성장할 수 있는 모든 영적인 능력을 처음부터 잘 갖춘 교회들로 조직되어야 한다는 주장이다. 그러므로 자발적인 팽창은 선교사나 선교기지에 의존된 선교정책이 아니라, 처음부터 성령을 전적으로 신뢰하는 것을 통해서 자발적으로 성장해 나가는 것을 의미한다.

④ 내부의 성장 지점들을 가지고 있다.[69]

---

65) McGavran, 1993:132.

66) McGavran, 1993:120-125.

67) McGavran, 1993:121.

68) 자발적인 팽창, 이 자발적인 성장이란 단어는 Roland Allen, "the World Dominion Press"에서 만든 용어이다.

69) McGavran, 1993:124.

⑤ 기독교인이 되는 건전한 본보기를 마련해 준다.

하나님께서 족속들을 제자화시켜 오셨다. 기독교 신앙으로 개종한 새로운 족속의 모든 사람이 그의 집단으로부터 분리되어 나왔고, 하나님께서는 그들의 가족관계를 통해 수백 명의 사람을 개종시켰다. 주님은 족속운동을 사용하셨다. 그것은 기독교회가 성장해 온 정상적인 방법이다.[70]

3. 요약과 평가

· 요약

> 전진하고 있는 교회를 강하게 하고 또한 집단들을 그리스도에게로 인도하는 것은 미래 선교의 최고 특권이라고 할 만하다. 이렇게 성장하면서 전진하고 있는 족속운동 교회들의 배후에 지원을 집중해야 한다. 이것이 오늘날의 선교전략이다.[71]

그러므로 새로운 후원은 반드시 족속운동 교회들의 자존과 자립을 향상시키는 방법이어야 한다.[72] 그러므로 현재의 관심을 토착민들에게 돌리고, 건물과 장비를 그들의 손에 넘겨주고, 선교를 위해 좋은 뜻을 가지도록 해 줌으로써 거류지가 진정한 교회가 되었을 때, 그 선교기지들은

70) McGavran, 1993:144.

71) McGavran, 1993:163.

72) McGavran, 1993:151.

참으로 진보의 걸음을 내딛고 있다고 볼 수 있을 것이다.[73)]

맥가브란을 통해서 시작된 교회 성장 운동은 실제적으로 현대 선교에 엄청난 충격을 주었고 해롤드 린젤(Harold Lindsell)이 평가한 것처럼 현대 선교의 신기원을 이룩해 놓았다.

김성태는 교회 성장 운동이 주로 강조하는 다섯 가지 이론을 전략적 측면에서 정리해 놓았다. 이 중에서 맥가브란과 직접 관련된 네 가지를 이곳에 정리해 보았다.[74)]

ⅰ. 동질 단위의 집단을 통한 선교전략

맥가브란에 의하면 사람들은 인종, 언어, 문화적 장벽을 뛰어넘지 않고 같은 종류의 인종, 언어, 문화적 장벽을 뛰어넘지 않고 같은 종류의 사람들의 집합적 구조 안에서 신앙을 가지는 것을 원한다는 것이다.[75)]

이러한 맥가브란과 와그너의 이론에 의해 선교 지역에서의 통합적인 다인종의 교회를 설립하는 것을 지양하고 동일한 문화적 특성과 인종의 구조 안에서 동질 단위의 사람들 교회를 설립하는 운동이 일어났다. 이러한 전략은 세계 2/3 지역에서 문화적 차이가 뚜렷하고 인종 간의 갈등이 있는 다인종적이고 다문화적인 지역에서 교회를 큰 장애 없이 설립하는 데 도움이 되었다.[76)]

73) McGavran, 1993:167-168.

74) 김성태, 1994:141-150.

75) 김성태, 1994:141.

76) 김성태, 1994:142.

ii. 복음의 수용성 전략

맥가브란은 그의 저서들을 통해서 교회성장을 이해함에서 동질집단 이론과 더불어 복음의 수용성을 주장하였다. 수용성이란 사람들이 내외적인 어떤 요소들에 의하여 복음을 받아들일 수 있는 마음이 준비되는 것을 말한다. 대체로 복음의 수용성은 내적인 요인으로 기존 문화 가치 체계의 취약성으로 인하여 변혁을 도모하는 여론이 생기거나 하나님의 구속적 유추가 내재되어 형성되는 경우가 있고, 외적인 요인으로는 천재 재해나 전쟁 등으로 인한 기존 가치관의 붕괴와 공허함 또는 문화 쇠퇴 등으로 형성되는 경우가 있다.[77]

맥가브란은 이러한 복음의 수용성 지역이나 인종을 잘 분석하고 파악하여, 일종의 추수 신학(Harvest Theology)으로서 이런 곳에 전략적인 면에서 선교 자원을 집중하자고 주장하였다.[78]

iii. 선교의 목적을 선교하는 원주민 교회의 성장에 두는 선교전략

전통적으로 토착교회 원리는 자치, 자전, 자립의 토착교회를 설립하고 헨리 벤이 주장한 것처럼 미복음화 지역을 향하여 선교사 철수하는 것이었다. 그러나 맥가브란은 이러한 토착교회 선교이론을 다소 약한 것으로 보고 선교의 궁극적인 목표 달성을 원주민 교회가 선교하는 교회가 되도록 함에 두었다.[79]

77) 김성태, 1994:143-144.

78) 김성태, 1994:144.

79) 김성태, 1994:146.

iv. 평신도의 지도력을 지교회의 70% 정도로 배양함으로써 교회성장을 도모하는 선교전략

맥가브란은 건강한 교회, 성장하는 교회가 되기 위해서는 평신도 유형의 지도력이 개교회의 70% 정도를 점유해야 한다고 보았다. 선교 현지에서 교회를 설립했을 때, 맥가브란이 지적한 바와 같이 목회자 지도력을 배양하기 전에 충분한 평신도 지도력을 육성해야 한다.[80]

v. 힘의 전도(Power Evangelism)를 통한 선교전략

· 평가

> 그러므로, 가장 중요하고 바꿀 수 없는 한 가지는 이것이다: 선교란 광범위하고 지속적인 하나님의 찾으심이다. 하나님은 사회적인 섬김을 기뻐하신다. 그러나 이것도 잃은 자를 찾는 일과는 대체할 수 없다. … 우리의 주님은 많은 사람을 위해 자기의 생명을 주셨고, 자기의 제자들을 열방을 제자 삼기 위해서 자기의 추종자들을 보내셨다.[81]

맥가브란 박사는 제3세계 대부분의 선교사에 의해서 절대적으로 수용되는 동종집단의 원리를 주창하였다. 이것은 같은 종족, 같은 언어, 같은 문화권 안에서 모든 사람이 지속적으로 자유롭게 소통할 수 있는 단위를 의미한다. 이러한 분류는 그동안 광역의 개념으로 분류된 민족이나 국가 개념의 추상적인 선교에서 탈피하여 같은 국가 내에서도 언어와 문화

80) 김성태, 1994:148.

81) McGavran, 1993:21-22.

가 다른 다양한 동종집단을 발견할 수 있게 했다. 기독교 국가 내에서도 미전도종족으로 남는 경우가 있는 것이다.

예를 들어 한 국가 내에서 같은 언어를 사용하는 집시들은 기존 문화권에서 오랫동안 방치되어 완전히 다른 문화적인 배경을 가지고 있기 때문에 랄프 윈터의 분류를 따른다면 E-1이 아니라 E-2의 선교 개념으로 접근해야 한다. 즉 동종집단의 원리에 따라 문화권을 넘는 선교의 개념으로 접근해야 함을 의미한다.

또한 맥가브란은 교회성장을 생물학적 성장과 교인 이동에 의한 성장 그리고 회심을 통한 성장을 3가지의 종류로 분류하고 있다. 진정한 성장은 회심을 통한 성장이다. 저자는 교회성장을 가져오는 부흥은 기도와 하나님의 말씀을 통해서 일어나며, 이 부흥의 결과 성도들이 거룩한 삶을 살게 되고, 강력한 권능이 나타나며, 믿는 이들이 세상에 나가 복음을 전하게 된다고 분석하였다.

그는 50여 년 동안 열성적인 선교 활동가로서 타문화권 선교에 참여해 왔다. 그가 회의를 가진 것은 과거를 답습하는 교회의 선교정책 때문이었다. 이러한 현장의 문제에 대해서는 그는 사회과학적인 방법을 적극적으로 활용하여 개선책과 선교이론을 만들어 나갔던 것이다. 즉 연구와 분석을 통해 교회성장에 방해가 되는 요소들을 제거할 수 있다고 보았다.[82)]

몽골을 인종구성비로 볼 때, 80% 정도가 할하 종족이고, 나머지가 소수 종족으로 구성되었다. 어린양교회의 주된 선교 대상은 할하 종족인 몽골 종족이다. 이들은 같은 언어, 역사, 문화, 관습을 가지고 있다. 그러나 맥가브란의 동종집단의 원리를 통해 어린양교회 주변을 분석해보면, 이 안에서도 다양한 동종집단이 존재할 수 있다는 가능성을 알게 되

82) Tucker, 2000:625.

었다. 예를 들면 빈부의 차이, 나이의 많고 적음, 그리고 도시 출신 시골 출신 등이다.

그리고 교회 안에 있는 그룹들에 관한 동질성 연구를 하게 되면 그들을 향한 보다 효과적인 선교의 접근은 개발할 수 있다는 깨달음을 얻게 되었다. 맥가브란의 말처럼 '동종집단의 원리가 교회성장의 핵심은 아니지만, 그럼에도 불구하고 이 원리는 많은 다양한 상황 안에서 적용할 수 있는' 가능성이 있다는 것을 알게 되었다.[83)]

도날드 맥가브란 박사의 *Understanding Church Growth*와 『하나님의 선교전략』(*The Bridges of God*)을 통해서는 우리 교회가 동질집단의 원리에 따라 개척되어 성장해 왔음을 알게 되었고, 선교기지와 족속운동의 사이에서 어느 정도 긴장 관계를 유지하고 있음을 알게 되었다. 어린양교회는 CMC 선교센터와 함께 설립되어 유기적인 관계 속에서 성장 발전하였다. 어느 정도는 선교기지의 모델의 영향을 받은 조직체임을 알게 되었다.

다음 장에서는 토착교회의 자치 시기와 출구전략을 다루게 된다. 즉 토착교회인 어린양교회가 개척되고 성장해 온 과정을 평가하고 이양과 출구전략의 과정에 대해서 다루게 될 것이다.

---

83) McGavran 1990:178.

제6장

토착교회의 자치 시기와 출구전략

이 장에서는 선교사가 개척한 토착교회가 어떻게 자치 시기를 지나 출구전략의 과정을 준비해 나갔는가를 정리하고 있다. 특별히 어떠한 과정을 통해서 선교사가 주도했던 개척 시기를 벗어나서 자치 시기로 접어들었는지를 이해할 수 있는 과정을 정리하고 있다.

어떠한 과정을 통해서 교회가 자치 시기를 준비하였고, 자치 시기를 위해서 해야 했던 것들이 무엇인지를 밝히고 있다. 즉 어린양교회가 개척되어 토착교회로 성장해온 과정을 평가한다. 특별히 토착교회가 성장하게 된 원인들에 대해서 협력 사역, 지역사회를 위한 섬김, 그리고 협력모델로서 단기팀과의 협력을 말하고 있고, 나아가서 이양과 출구전략에 대해서 언급한다.

1. 협력 사역 – 동역자들

개척 초기 아내와 함께 그리고 현지 신학생인 전도사 그리고 두 명의 몽골 일꾼들이 교회를 개척하는 사역에 동역하였다. 이때의 일꾼들이 아직도 어린양교회의 중추적인 헌신자로서 모범을 보여오고 있으며, 이 몽골 일꾼들에 의해서 훈련된 동일한 책임감과 헌신을 다짐한 많은 젊은이들과 장년들이 교회에 많이 생겨났다. 이들 몽골 일꾼들은 교회의 모든 부서와 모든 부분에서 사역자들을 양육하고 세우는 일에 겸손한 리더십으로 다리 역할을 하고 있다.

현재 교회학교 유치부와 아동부(유초등부)에 20여 명의 청년이 교사로 섬기고 있고, 1부 중고등부를 섬기는 교사들(보조교사 포함) 10여 명의 청년이 섬기고 있고, 교회 예배를 위한 찬양부서에 10여 명이 악기 연주와 보컬로 섬기고 있다. 이외에 토요 단계별 교인 성경공부 인도, 장년속회, 지역사회봉사부, 전도부서, 어린양 도서관, 문화센터, 교회 청소, 단기팀을 위한 봉사 등 다양한 부서에서 청소년들과 청년들 그리고 장년교우들이 열심히 섬기고 있다.

1) 교회를 섬기는 전임사역자들

2003년 8월 교회가 개척되면서부터 어린양교회에 동역자로 섬긴 선교사들의 헌신과 수고는 어린양교회의 곳곳에 사랑으로 스며있다. 선교사들은 아동들과 청소년 청년들 장년들을 진심으로 사랑해주었고, 필요한 교회의 새로운 기관이나 일들을 계획하고 수행하는데 가지고 있는 은사와 기도로 감당해 왔다. 이분들의 모범적인 가르침과 사랑으로 어린양교회의 성도들은 짧은 기간에 성숙한 기독인으로 성장할 수 있는 기초를 가질 수 있었다.

그동안 함께 동역했던 동역자들은 아래와 같다.

〈표 11〉 몽골 전임 사역자들 연표(2013.12)

	이름	직무	봉사 기간	참고
1	어뜨겅자르갈	전도사, 전임	2003. 7~현재	UBTC졸업
2	어유카	행정간사, 전임	2004. 1~2008.11	UB대학교졸업
3	챈데아요시	통역, 전임	2006. 4~2011.2	한국어학과 졸업 현재 감신대 신대원
4	바트새흥	관리원	2008. 9~2011. 3	교회내 거주
5	아무라사나	운전기사	2006. 4~2011. 8	
6	강툭스	통역, 전임	2003.7~2006.2	한국어과졸업 휴직중/감신대 졸
7	찬차돌람	중고등부, 전임		UBTC 신학교 졸
7	오랑치멕	행정/NGO, 전임	2009.9~현재	한국어과 졸
8	절자야	음악파트 전임	2010.9~2013.8	MTBC 신학교 현재 한국어과 재학
8	히식수렝	청년부전도사/전임	2008.9~2010.8	MTBC 신학교 졸 현재 가정학과 재학
9	오양가	중고등부/전임	2008.9~2010.8	MTBC 신학교 졸 현재 경영학과 재학
10	네르구이	찬양/장년부, 파트	2009.9 ~ 현재	MTBC 졸업
11	톨가	아동부, 파트	2011.9 ~ 현재	UBTC M.div 재학
12	자르갈새항	기사, 전임	2012.10~현재	

2) 협력선교사들

2006년도 말 어린양교회는 대학에서 섬기면서 함께 협력하는 선교사들 2가정, 풀타임 사역자 3가정이 우리 가정과 함께 사역에 동참하고 있었다. 대부분 현지 리더십이 형성되고 있는 부분은 직접적인 지도력을 발휘하지 않는 것을 원칙으로 하였다. 주로 교회의 정책과 방향을 결정하는 일들과 중간 리더십을 지도하고 교육하는 일을 하고 있다. 그리고 위원회들을 이끌고 지도하는 일을 한다.

예를 들면 장학위원회 도서관 운영 교회개척지원센터 청년부지도위원 문화센터 기숙사 등의 책임을 맡고 실질적인 일들은 몽골 현지 리더십과 위원들이 감당하는 구조로 가는데, 도서관과 문화센터는 운영의 주최를 몽골인 리더들에게 어느 정도 일임한 상태이다.

CMC & 어린양교회는 현재 몽골에서 협력 선교의 귀한 모델로서 그 역할을 감당하고 있다. 2006년에는 7가정의 선교사들이 전임이나 파트 협력으로 센터와 교회사역에서 사역하고 있다.

2008년부터 2010년까지는 전임 선교사 1가정과 대학에서 섬기는 1가정, 언어 과정에 있는 선교사 2가정이 함께 동역하였다.

2003년 개척 이후 CMC & 어린양교회에서 함께 동역하였던 선교사들의 자료는 아래와 같다.

〈표 12〉 협력선교사들 연표(2003-2013.12)

	협력 선교사	협력시작	파송교회	역할	전임사역기관
1	김종진 장희수	2002. 5~현재	종교/송천	개척사역/목회	CMC & 어린양 후레대학교
2	문현분	2004.4~2009.1	인천중앙	재정/목회	전임
3	김석환 황보순태	2004.5~2007.4 2007. 5	아현	문화센터/목회	MMBC신학교
4	최용현 신은혜	2003.6~2008.2	무학	건축/문화센터/목회	후레대학교
5	권은영	2005.8~2007.5	시카고남부 UMC	아동부/개척위원회 2008. 한국으로	후레대학교
6	박인규	2005.10~2007.1	미국	도서관/문화센터 2007.1 한국으로	후레대학교 생명공학과
7	조반석 윤은교	2006.5~2007.5	강남중앙	장학위원회/목회	MTBC
8	고재형 허성혜	2005.3~2007.5	온누리/인터콥	협력	MIU대학교
9	이소영	2002.8~200. 11	송천교회	교회학교/ 청년사역	후레유치원 원감
10	이은진	2009.3~2010.2	은제교회	행정	언어 / 전임
11	김여일 조영희	2008.6~현재	송천교회	목회	MTBC학장
12	이헌영 김영미	2008.6~2012.12	열림교회	중고등부/ 문화센터	후레대학교
13	조영래 김정임	2008.8~2009.11	인천중앙교회	소그룹	MTBC 신학교
14	임요셉 유지연	2012.4~현재	성남중앙교회	협력	국제기아대책
15	이상수 신숙정	2013.11~현재	종교교회	NGO	MTBC신학교

2. 지역사회를 위한 섬김

어린양교회의 설립 목적 중의 하나는 지역사회를 위한 봉사이다. 이 일은 개척 초기 단기 선교팀을 통해서 의료와 미용 그리고 빵 사역을 통해서 주변을 섬기는 일들로 시작되어 지금까지 정기적으로 진행되어 오고 있다.

그리고 몽골 교우들이 자리를 잡아가면서 현지인들을 통해 지역사회를 위한 섬김의 일들을 개발하고 진행하여 오고 있다.

1) 프로그램

어린양교회는 지역사회를 섬기기 위한 다양한 노력을 하고 있다. 의료선교를 통해서 정기적으로 지역 사람들을 섬기고 있고, 연합 결혼식, 지역의 가난한 사람들을 선정해서 정기적으로 섬기는 지역봉사부 활동. 또한 문화센터를 통해서 영어와 한글을 정기적으로 가르치고, 교회학교를 통해서 지역의 가난한 어린이들을 성경으로 가르치고, 또한 어린양 도서관을 개방하여 공부할 수 있는 환경을 열어놓고, 또한 공부방을 운영하고 있다.

또한 청소년, 청년들을 위한 컴퓨터방(13대)을 교회 안에 준비하고 단기팀이나 교회 청년들을 통한 컴퓨터 교육을 시키고 있고, 자연스럽게 컴퓨터를 접할 수 있는 환경을 제공하고 있다. 또한 지역에 살고 노인분들을 섬기는 일을 2007년부터 시작했는데, 앞으로 노인학교를 개교하여 발전시킬 계획을 세우고 있다.

a. 사랑의 학교

사랑의 학교는 2007년 3월에 개교하여 현재까지 진행되어 오고 있다. 이 학교를 시작하게 된 동기는 교회 주변의 가난한 아이들의 학업 증진과 지적 발달 그리고 신앙으로 인격을 만들어가는 것이었다. 초기에는 World Vision과 협력하여 진행하였으나, 2009년부터 어린양교회의 단독 사역으로 자리 잡아 지금껏 오고 있다.

〈그림 6〉 어린양 사랑의 학교 종업식(2012.12)

아래의 사랑의 학교 자료는 2011~2012년 학교 수업 계획안을 그대로 정리해서 기록한 것이다. 몽골은 9월에 한 학년이 시작되어 5월에 학년을 마감하는 교육시스템이다.

- **목적**: 몽골의 미래와 어린이들을 지적 정서적 그리고 영적으로 준비된 사람으로 교육시키기 위해서 설립하였다.
- **목표**: 가족과 사랑의 학교 / 교회 / 어린이들이 함께 성장해 나가기 위해서.

사랑의 학교 조직

- 학교장: 김종진 선교사
- 원감: B. 오랑치멕
- 교사들: 다와후, 울렝, 너러브반자드, 투멩뎀베렐, 김도연, 첸드-아요쉬,
- 자브흐랑트, 아노데리(보조교사)

〈표 13〉 사랑의 학교 커리큘럼(2011-2012)

1~3학년	4학년 / 늦은 반
필수과목	필수과목
1. 성경　2. 몽골어	1. 성경　2. 몽골어
3. 수학	3. 수학
4. 읽고 쓰기	4. 문학　5. 교양
5. 교양　6. 체육	6. 체육　7. 몽골고어
6. 체육　7. 종이접기	8. 영어　9. 컴퓨터
선택과목 1. 피아노　2. 기타	선택과목 1. 종이접기　2. 피아노

수업 기간:

- 가을학기: 2011. 09. 24-2011. 12. 10
- 봄 학기: 2012. 01. 14- 2012. 05. 19

가족들이 해야 할 일:

- 자녀를 어떻게 공부하는지를 관심을 갖고 숙제를 했는지 안 했는지 확인한다.
- 교회와 학교에서 하는 세미나와 교제 시간에 함께 참여한다.

• 교사들과 친밀한 관계를 갖는다.

• 가족들의 좋은 관계가 아이들에게 좋은 영향을 준다.

교회와 학교에서 준비해야 할 것들:

• 교실, 교사, 재정/ 음식,
학교에서 필요한 모든 것들을 준비해야 한다.
학생들의 성장과 그들의 가족에 관심을 가져야 한다.
만약에 가족에 문제 생기면 할 수 있는 대로 해결해준다.

• 가족 교육 세미나와 부모와 자녀 관계에 대해서 교육시킨다.

학생들이 지켜야 할 원칙들:

• 수업에 잘 참여하여 자신의 미래를 위해 지금부터 열심히 공부해야 한다.

• 선생님이 준 숙제를 시간 안에 잘해 내야 한다.

• 선생님을 존중하고 따라야 한다.

학교 수업 성적 원칙들

• 출석

• 수업 /숙제, 태도,

• 시험 / 중간고사 기말고사

재학생 평가

• 출석 수업 /숙제, 태도

〈표 14〉 사랑의 학교 재학생(2011-2012)

수	이름	출생	수	이름	출생
1	네당푸르브 통갈락	2002	9	온다르마 오랑툭스	2007
2	보양덜거르 잉흐체첵	2000	10	난디아 마르갓	2009
3	바트체첵 할리옹	2008	11	나랑바타르 나랑성렁거	2009
4	잉흐 바타르 나랑 바타르	2002	12	하그와더러즈 바트이레두이	2010
5	온다르마 오랑치멕	2005	13	하그와더러즈 바트바야르	2010
6	산지드수렝 잉흐졸	2008	14	뱜바척트 난디아-에르덴	2006
7	산지드수렝 잉흐자야	2005	15	네당푸르브 바야르첸겔	2001
8	산지드수렝 잉흐징	2008	16	보양덜거르 강바트	2002

b. 가난한 가정돕기

어린양교회의 가난한 가정돕기는 개척 초기부터 진행되어 왔다. 초기에는 지역사회 봉사부를 설립하여 진행하였는데, 이때는 비정규적으로 교회 주변의 가난한 가정들을 선정하였는데, 교회 나오는 아동들의 가정들과 교회 나오는 교우들 가정 중에서, 동사무소와 지역 파출소의 추천을 받아서 가정들을 선발하였다.

물론 이외에 매년 정기적으로 몽골의 설 명절인 차강사르나 중간 동사무소나 지역 파출소에서 교회에 도움을 요청할 때는 지역의 어르신들이나 가난한 아이들을 위한 구호품이나 구제금을 전달하는 일은 계속하고 있다.

그리고 가난한 가정들을 돕는 일은 단기팀을 활용해서도 계속하고 있다. 주로 여름 기간에 방문하는 단기팀의 사역에 가난한 가정돕기 프로그램을 넣어서 실행하고 있다. 이때는 정기적으로 돕는 가정은 제외하고 위의 선정방식을 따라 겹치지 않게 가정들을 방문하여 청소, 문안, 생활필

수품, 전달, 전도, 기도를 해 주는 형태로 진행한다.

그리고 어린양교회의 가난한 가정을 선정하여 매월 정기적으로 돕게 된 것은 2011년 8월에 어린양교회에 단기팀으로 방문한 송천교회의 청장년회를 통해서 진행되었다. 방문한 단기팀들의 프로그램 중에 가난한 가정 방문이 있었는데, 다녀온 분들이 이 일을 계속하고자 하는 열정을 가지고 있었다. 그래서 기도하는 중에 2012년 1월부터 매월 한화 15만 원을 후원하기 시작하였다. 2012년, 2013년 만 2년 동안 이 일이 정기적으로 계속되는 계기가 되었다.

그리고 어린양교회의 가난한 가정돕기는 2014년부터는 자체적으로 헌금하여서 하는 것으로 결정하였다. 몽골의 가난한 가정을 돕는 일을 왜 한국 사람들의 헌금으로 언제까지 해야 하는가? 라는 설교를 하고 우리가 헌금해서 이 일을 하자고 건의하였고, 교우들이 이 일에 찬성하였다. 그래서 교회는 2014년 매월 첫 주는 성찬식을 행하는데, 이때 구제 헌금을

〈그림 7〉 가난한 가정돕기 가정 방문(2012.11)

별도로 드리기로 하였고, 이 헌금은 모두 가난한 가정을 돕는 일에 사용하기로 결의하였다.[1)]

아래의 간단한 보고서는 가난한 가정을 돕는 일에 대한 것이다. 이 보고서는 매년 몽골 정부의 종교국에 제출하는 것으로서 어린양교회의 행정사무처에서 기록한 것 중에서 관련된 부분만 발췌해서 번역하였다.[2)]

> 2014. 01. 21에 가난한 가정들을 위해 필요한 물품을 전달하였다. 이번에는 차강사르(몽골의 설명절)를 맞이하여 5가정에 각 가정마다 10개의 버브[3)]와, 1개의 에웽 그리고 10kg짜리 밀가루와 식용유 1개와 1박스의 설탕 등을 제공하였다.

도움을 받는 가정들

1. 덜거르 할머니(87세, 4살 손자와 함께 살고 있다. 2식구)
2. 버르 할아버지(83세, 손녀와 증손자와 함께 살고 있다. 3식구)
3. 서드넘 할머니(70세, 16세 손자와 살고 있다. 2식구)
4. 어뜨거 아주머니(45세, 14세 딸과 함께 살고 있다. 이 아주머니는 교통사고로 움직일 수 없는 상태이다. 2식구)

---

1) 2014년 1월 첫 주 성찬식을 통해서 교우들이 이 일을 위해서 구제헌금 167,000투그릭을 헌금해 주었다. 이 헌금은 5가정의 명절을 준비하기 위한 물품을 준비해서 전달하는 데 사용하였다.

2) 몽골 정부에 등록된 종교기관은 매년 해당 종교국에 활동보고서를 제출해야 한다. CMC & 어린양교회는 2004년 5월에 정부로부터 종교기간 허가를 받고 매년 활동보고서를 제출하고 있다. '활동보고서, 우리 기관은 2013년 4월 24일부터 2014년 7월 1일까지 실시한 활동들과 이 기간 동안 계획된 활동들에 대해서 보고합니다.', 어린양, 2014:6.

3) 버브는 밀가루로 만든 넓은 과자이다. 몽골사람들은 음력설(차강사르)에 가정마다 버브로 탑을 쌓아서(홀수) 층을 쌓고, 그 안에 유제품 사탕, 초콜릿, 양고기를 올려놓고 손님을 맞는 풍습이 있다.

5. 바트촐롱(60세, 뇌출혈이 있어서 거동이 불편한 사람이다. 21세 딸과 함께 살고 있지만, 이 딸로 몸 건강상태가 좋지 않다. 2식구)

c. 의료와 결혼식

· 의료

어린양교회를 방문하여 몽골인들을 위해 의료 선교에 참여한 교회들의 명단을 정리해 보았다. 종교교회, 삼청교회, 오클라호마 UMC, 인천기독교병원 원우회, 드림의료팀, 성은교회, 최윤수 장로(한방).

의료와 결혼식 사역은 종교교회의 주된 사역으로서 2004년 1월 방문한 종교교회 단기팀을 통해서 시작되었다. 이후 종교교회는 매년 2차례 겨울의 한국 설 명절과 가을 추석 명절의 휴가 기간을 맞춰서 2013년까지 사역을 계속 진행하고 있다. 횟수로는 17번 몽골을 방문하였다.

여기에서는 종교교회의 의료 사역을 정리했다.

종교교회의 의료 사역은 울란바타르 어린양교회만이 아니라 어린양교회를 통해서 개척되는 교회들을 방문하여 초기 정착단계에 좋은 영향을 주었다. 진료과목은 방문 시기마다 조금씩 달라졌지만, 정형외과, 내과, 피부과, 치과 치료 등의 의료봉사를 주로 담당하였다.

종교교회 의료팀이 방문한 지역들은 다음과 같다.

〈표 15〉 종교교회 의료팀 방문 교회/지역(2004-2013)

봉사한 교회/기관	지역/위치
어린양교회	울란바타르 동쪽지역
바양주룩구 24동 보건소	울란바타르 동쪽지역
이웰링후레교회	울란바타르 북쪽지역
예수싱 헌느닝수륵 교회	울란바타르 동쪽지역
영생교회	울란바타르 중앙지역
종아일교회	울란바타르 중앙지역
뭉힝아우랄링어드교회	으블항가이 도, 아르바이헤르
아르바이헤르 시보건소	으블항가이 도, 아르바이헤르
처링간츠우넹교회	으블항가이 도, 아르바이헤르
중바양올랑 어린양교회	으블항가이 도 중바양올랑 솜
일겔팅헤르교회	아르항가이 도 수도 체첼렉

의료선교의 이점은 교회가 개척된 지역의 주민들로부터 교회에 대한 좋은 인상을 심어주고, 개척 초기 단계부터 교회가 지역과 좋은 관계를 맺는 일에 중요한 역할을 할 수 있는 점이다. 그래서 어린양교회는 시골지역이나 울란바타르 지역에 새로운 교회가 개척되면 종교교회의 의료팀 방문을 계획하여 지역민들을 위한 봉사를 할 수 있도록 준비하고 있다.

그리고 의료팀은 늘 미용팀과 함께 방문하여, 의료 진료를 위해 기다리는 전후 시간을 이용하여 방문객들의 머리를 손질해주는 일을 함께 진행하여 왔다. 진료를 위해 기다리는 시간과 진료 이후에 약을 기다리는 시간을 이용하여 미용 봉사팀이 이들을 섬길 수 있는 기회를 만드는 것이다.

d. 결혼식

종교교회의 결혼식 봉사는 2006년부터 시작하여 매년 9월에 진행하고 있다. 처음 결혼식 봉사를 시작하게 된 배경은 가정형편 때문에 결혼식을 하지 못하고 자녀를 낳고 사는 이들을 돕기 위해서였다. 어떤 경우는 자녀들을 낳고 살지만 결혼신고도 하지 않은 경우도 있었다. 결혼식을 위해서 결혼신고를 하고 증명서를 제출한 부부들을 위해서만 결혼식을 진행하기 때문에 결혼신고를 통해서 부부간의 결속이 더 좋아지는 측면도 있다.

〈그림 8〉 종교교회 웨딩팀을 통한 결혼식(2011.9)

이렇게 시작한 결혼식 봉사는 현재 어린양교회 교우들과 주변 마을 주민들과 하이르교회, 이웰링후레교회, 뭉힝 엠드랄교회 등 지역교회에서 추천받은 이들을 대상으로 결혼식을 준비해주고 있다.

결혼식을 위해서 스타일리스트와 미용팀 그리고 가봉팀과 사진팀과 더불어 앨범 제작팀이 함께 움직이고 있다. 결혼식 두 달 전부터 결혼식 예약을 받아서 그들의 신체사이즈와 기본 정보를 수집하여 한국에 있는 결혼팀에게 보낸다. 그러면 그들이 이들에게 맞게 기본적인 것들을 준비하게 된다.

어린양교회에서 2006년 처음 결혼식을 시작했지만, 2009년부터는 주변 교회들에서 결혼식을 하지 못하고 살고 있는 이들을 위해 봉사의 범위를 넓혀나갔다. 기본적으로 시설이 어느 정도 구비된 어린양교회에서 결혼식을 진행했지만, 원하는 곳은 자신들이 다니는 교회에서 할 수 있도록 배려하였다. 그리고 또한 어린양교회에서 결혼식을 하게 되더라도 결혼식 주례는 다니는 교회의 주관으로 진행하도록 하였다.

2006년부터 2013년까지 진행된 종교교회의 웨딩팀을 통해서 24가정이 아름다운 결혼식을 올릴 수 있었다. 아래는 결혼식을 한 사람들의 명단과 교회들이다.

〈표 16〉 종교교회 웨딩팀을 통한 결혼식(2006-2013)

부부	교회
벌더/챤차	어린양교회
새흐나 / 오르나	
뭉흐/소브다	
투러/강툭스	
애기/가나	
어드후/알탕체첵	
엥흐바야르/침게	
톨가/어기	
바타/어뜨겅자르갈	
아무라/바야르마	
자야/오양가	마르티우스교회/어린양교회
을지/오랑거	아르항가이 체첼릑교회
하이르교회 3가정	
뭉힝엠드랄교회 2가정	
이웰링후레교회 2가정	
전경석선교사 2가정	
김동완 선교사 2가정	
어기친구소브다 지도자 1가정	
전체 24가정	

2) 시설

이러한 다양한 프로그램을 수행할 수 있기 위해서는 이것을 지원하는 공간적인 시설이 확보되는 것이 필수적이다. 어린양교회는 처음 개척하면서 대지를 확보하여 건축하였기 때문에 시간이 가면서 필요한 공간확보 필요성을 충족할 수 있었다. 물론 계속해서 사역에 맞게 조금씩 수리하여 필요에 맞게 공간 활용을 확보해 나갈 수 있었다. 아래에 어린양교회의 공간에 대해서 정리해 보았다.

· 건물 내역

주 건물 / 지하 1층, 지상 3층. 연건평 897㎡(272평)

지하층: 지하주차장, 보일러실, 교육 공간(준비 중)

1층: 식당, 도서관, 사무실 1, 미팅룸 1

2층: 세미나실, 게스트하우스, 사무실 2

3층: 예배당, 미팅룸 1

3층 준층: 유아실

부속건물 / 지상 2층 구조. 연건평 144㎡(44평)

1층: 기숙사, 창고

2층: 교육관(여름)

부속건물 2 / 관리실, 외부 화장실

〈그림 9〉 어린양교회 전경(2003. 11)

3. 어린양교회 협력모델 – 단기팀 활용

어린양교회의 설립과 성장에는 단기 선교팀의 헌신적인 수고가 크게 이바지를 했다. 선교센터와 교회의 협력을 구상하고 시작한 것은 하나님의 섭리 가운데 이루어졌다. 이 일을 통해 원하던 것은 한국 교회의 선교 소명을 개발시키고, 단기선교를 통해 선교현장을 경험하여 한국 교회의 미래의 주역이 될 청소년/청년들 그리고 장년들을 선교적 교회로 준비시키는 것이었다.

2003년부터 2013년 올해까지 89개의 교회나 단체들이 한국에서 혹은 미국에서 초교파적으로 CMC & 어린양교회와 자매교회를 단기방문하여 몽골교회와 몽골인들을 위해 일을 하였다. 개척교회를 위한 전도 활동, 의료, 한글 교육, 영어, 태권도, 미용, 목공, 가정 사역, 미술, 음악, 성경학교, 수련회 지원, 대학교 강의, 성경학교 강의 등……

〈그림 10〉 종교교회 의료선교팀 봉사활동(2009.9)

〈표 17〉 단기팀 목록(2003-2013)

연도	방문팀	참고
2003	송천교회 삼청교회 수원시온교회 종교교회 주영광교회 사랑의빵 노원지방교역자회	7개 기관
2004	송천교회 종교교회 삼청교회 사랑의빵 목원대선교훈련원팀 열림교회 몽골후원회	7개 기관
2005	송천교회 삼청교회 종교교회 대원교회 오클라호마UMC 열림교회 영등포중앙교회 서울연회사모합창단 21세기선교회 금란교회 후레대학교학원선교팀	11개 기관
2006	송천교회 오클라호마UMC교회 종교교회 가양중앙교회 후레대학교학원선교팀 대원외고청소년팀 청학교회 한양제일교회 몽골후원회 강남중앙교회 한인청소년선교대회	11개 기관
2007	송천교회 종교교회 은제교회 한양제일교회 청학교회 오클라호마UMC교회 열림교회 남가주사랑의교회 인천중앙교회 몽골후원회	10개 기관
2008	송천교회 인천기독병원 종교교회 열림교회 오클라호마UMC	5개 기관
2009	종교교회 새바람교회 오클라호마UMC 열림교회 둔산성광교회 한양제일교회 대원교회 가평중앙교회 은현교회 동탄교회 드림의료팀	11개 기관
2010	오클라호마UMC 열림교회 종교교회 대원교회 충주남부교회 송천교회 사랑의빵 동탄교회	8개 기관
2011	동탄교회 열림교회 카나다광림교회 월곡교회	4개 기관
2012	동성교회 동탄교회 열림교회 카나다광림교회 종교교회 몽골미션 송천교회 군산비전교회	8개 기관
2013	상계교회 동성교회 열림교회 은제교회 성은교회 종교교회	6개 기관

위의 기록한 교회나 기관은 단순 방문이 아니라 사역프로그램을 가지고 방문한 교회들과 기관들을 정리한 것이다.[4] 이곳에는 개인적인 방문이나 개인적인 사역을 가지고 오신 분들의 사역 부분은 기록하지 않았다.

4) http://www.mongol91.com/dangi.htm.

1) 단기팀을 맞이하는 자세

단기선교는 짧은 기간 그 자체로서 끝나지 않고 단기선교팀으로 참여한 사람들의 미래에도 영향을 미칠 수 있다. 그러므로 단순하게 몽골을 방문해서 사역 중심의 단기선교만을 장려하지 않는다. 물론 짧은 기간이란 한계 때문에 가장 중요한 복음전도와 복음을 몽골인들에게 접촉시키는 사역을 중심으로 하고 있지만, 아래에 언급된 다른 측면도 가능하면 경험할 수 있도록 준비를 하고 있다.

1. 하나님 나라의 확장 - 직간접적인 복음 전도를 위한 사역들
2. 몽골의 역사문화 체험 - 박물관 민속공연 등
3. 몽골의 생활 현장 보기 - 재래시장, 시내, 교우들 집 방문하기
4. 몽골의 자연환경 답사 - 초원, 강가, 국립공원 등 방문
5. 선교 교육 - 두 번 정도 선교 교육을 준비하고 있다. 역사/종교

이와 같이 짧은 단기선교 기간 동안 다양한 사역과 일정을 포함시키는 이유는 단순한 사역 중심으로 그치기 쉬운 것을 좀 더 다양한 차원의 선교현장을 보고 들을 수 있는 기회를 제공하고자 하는 목적 때문이다.

선교현장에서 교육적인 기회를 만든 것은 2007년부터 시작되었는데, 몽골의 역사와 종교 그리고 선교사적인 의미 등을 가르치고 있으며, 때로는 선교사들의 간증 시간을 가지기도 한다. 사역을 할 때보다 이 교육시간을 통해서 단기선교팀들이 선교에 대해 체계적이고 의지적인 결단을 하는 경우들을 보았다.

2) 어떤 과정을 통해서 사역들을 결정하는가?

선교지에 선교팀을 보내는 결정을 하는 것은 귀한 일이다. 자체 교회의 예산적인 문제도 있지만, 단기 팀원들의 지원을 받아 확정하는 일뿐

아니라, 어떤 사역을 할 것인가도 참 중요한 일이다. 그래서 CMC & 어린양교회의 단기팀과 함께 동역해 오면서 사역을 결정하는 과정을 정리해 보았다.[5)]

단기팀을 보내는 교회의 바라는 요구 사항과 선교현장의 필요성을 서로 조정하기 위해 몇 가지 기본적인 질문을 준비하고 있다.

i. 전에 단기선교팀 경험이 있는가?

ii. 그러면 어떤 사역을 경험한 적이 있는가?

iii. 단기팀 구성원들이 어떤 재능과 은사를 가지고 있는가?

iv. 어떤 목적과 내용을 가지고 단기선교를 하기를 원하는가?

v. 기도하면서 하나님으로부터 받은 정말 하고 싶은 사역은 무엇인가?

단기팀들은 선교지에 있는 교회와 선교 기관의 필요를 알 필요가 있다. 또한 선교지의 교회나 선교기관들도 방문하는 단기팀들의 필요와 요구 그들의 역량 등에 대해서 파악하는 것이 필요하다. 그러므로 두 기관이 함께 이러한 필요와 요구에 대해서 사전에 깊은 대화를 통해서 파악하여 하나님께서 원하시는 사역을 결정하고 진행해야 한다.

어린양교회와 자매교회들이 꼭 필요한 사역에 대한 제안을 가지고 단기팀 담당자와 대화를 나누는 중에 단기팀의 사역 내용을 결정하게 된다.

3) 가능한 사역들

아래에 언급되는 사역들은 그동안 어린양교회에서 시행되었던 사역들을 정리한 것이다.[6)] 우리는 하나님의 복음의 확장과 접촉을 위해 앞으

5) http://www.mongol91.com/dangi.htm.

6) http://www.mongol91.com/dangi.htm.

로도 다양한 단기선교프로그램들을 활용하고 창조적으로 적용시켜 나가려고 한다. 그렇기 때문에 좀 더 새로운 사역들에 대해서 열린 마음으로 준비하고 있다.

> 의료 미용 한글학교 영어학교 성경학교운영 음악학교(악기 교육) 미술교육 태권도 컴퓨터 청소년수련회인도 지도자훈련 전도 찰흙만들기 종이접기 홈스테이 워십댄스 공연 합동결혼식 노인위로잔치(사진찍기) 한인청소년선교캠프 가난한 가정돕기 기타(http://www.mongol91.com/dangi.htm).

4) 단기선교에 있어서 준비할 것과 주의할 점

많은 단기팀들과 동역해 오면서 몇 가지 지침을 만들어서 적용해 오고 있다.[7]

1) 짧은 기간이기 때문에 여행이 되지 않도록 들뜬 마음을 가라앉히고 기도와 모임을 통해 단기선교여행의 목적을 분명히 해야 한다.

2) 단기선교여행이 결정되면 재정 마련에 대한 계획과 그리고 참여자 그리고 일정이 최소한 5~6개월 전에 결정이 돼야 한다. 그래야 항공권 및 현지에서 선교팀을 맞이하는 선교사가 사전 준비에 만전을 기할 수 있다.

3) 단기선교 일정이 결정되면, 선교지에 있는 선교사와 치밀하게 접촉하여 사전 준비를 해야 한다. 예를 들면 현지의 기초적인 인사말이나 기독교적인 용어 등에 대한 자료를 습득하고 기초적인 오리엔테이션을 행해야 한다.

4) 선교현장을 방문하는 선교단원들이 가장 크게 문제가 되는 것이 언어이기 때문에 효과적인 사역을 위해서 연극이나 무언극 등을 준비하

7) http://www.mongol91.com/dangi.htm. 자료실 45.

면 참 좋다. 선교사의 설명이 깃들어지면 복음에 갈급한 사람들에게 좋은 영향력을 미칠 수 있다. 또한 현지에서 보내주는 노래 자료를 율동으로 해도 좋은 효과가 있다. 이곳에서 불려지는 대부분의 찬송이나 복음송가는 한국에서도 불려지는 것이 대부분이다.

5) 단기 선교팀이 단순히 단기간 다녀가는 것보다는 사전에 방문하는 나라의 문화나 전통 그리고 종교 등에 대해서 사전에 공부하면서 기도한다면 좋은 결과가 나올 것이다.

6) 몽골에 대한 자료 담당자를 선정하여 자료를 조사하고, 미리 홍보팀을 구성하여 교회에 몽골에 대한 자료를 전시하고, 또한 선교여행을 위한 재정 마련을 위한 선교바자회나 기타 행사를 교회적으로 마련하고 기도제목을 교인들과 함께 나누는 방법이 참 좋을 것이다.

7) 또한 선교여행 이후에 교회에 돌아와서 선교 보고회 등을 준비하여 간증이나 자료 등을 전시하여 선교활동을 교우들과 함께 나눈다면 교회적으로도 설교 열정을 일으키는 계기가 될 수 있을 것이다.

4. 이양과 출구전략

맥가브란 박사는 그의 책『하나님의 선교전략』을 통해서 한 족속을 복음화하기 위해서 해서는 안 될 가장 명심해야 할 일들에 대해서 언급하고 있다. 즉 변화된 개인들을 그 족속에서 빼내어서 다른 사회로 데려가서는 안 된다는 원칙이다. 개종자가 회심하는 동안에 자신의 족속 안에 머물러 있어야 하고 그들을 통해서 그 족속의 회심운동이 일어나야 한다고 주장한다. 왜냐하면 이러한 집단이 주님의 생명을 가진 회심자들과 생명력 있

는 관계가 맺어질 때, 족속들이 기독교인이 될 수 있기 때문이다.[8)]

토착교인을 통해서 토착교회의 형성이 제대로 이루어지지 않은 배경에 대해서 맥가브란은 J. W. Pickett의 글을 통해서 말하고 있다.[9)]

> 개종자들을 그의 족속으로부터 분리시킴으로써 그들이 자기 족속에게 복음을 전파할 수 있는 잠재력을 많이 상실했다. 그러한 잘못 때문에 자체의 진정한 지도력이 없고 주로 선교회나 선교사들에게 의존해서 유지되는 빈혈증에 걸린 교회들이 생겨났다.

모든 선교사가 그렇듯이 교회의 구조적인 건강한 상태는 현지인들에게 교회의 지도력과 모든 결정 과정을 이양하는 것이라는 전제를 가지고 교회를 개척한다고 본다. 나도 물론 이에 전적으로 동의하고 있다. 박기호 교수는 '선교지마다 할 일은 많은데 일꾼이 부족하다. 선교사는 새로 개척된 교회와 자신을 위하여 할 수 있는 대로 빨리 현지인 지도자를 개발하여 지도력을 현지인 지도자에게 이양하여야 한다'고 말한다.[10)]

그렇지만 이양의 시기에 대한 파악과 이양의 과정은 사실 어려운 과정이다. 이양의 시기가 참 중요하다고 보는데 이는 하나님께 겸손하게 기도하면서 준비하는 신중한 과정이라고 본다. 너무 빨라도 안 되고 너무 늦어도 안 된다고 본다.

지도력 이양에 대한 어린양교회의 방침은 교회를 개척하면서부터 모든 분야에서 이양의 과정이 서서히 진행되어야 한다는 것이었다. 하루아

---

8) McGavran, 1993:30.

9) McGavran, 1993:30.

10) 박기호, 2005:239.

침에 이 일을 이루어 낼 수는 없다.

특별히 이양에 있어서 몇 가지를 중요하게 생각하여 시행하였다. 우선 교인들에게 독립에 대한 자신감을 심을 수 있는 만큼의 지도력을 발휘할 기회를 주어야 한다는 것이었다. 그들이 사역을 진행할 수 있는 기회를 만들어주고, 또한 실수할 기회도 그 과정으로 이해하였다. 그러므로 선교사의 과도한 사역에의 개입이나, 많은 선교사가 한 기관에서 사역하게 되면 현지 지도자들이 사역을 주도적으로 할 수 있는 기회가 적어질 수밖에 없다는 사실을 인지하고 있어야 한다. 부족하지만 조금이라도 현지인이 할 수 있는 여지가 있으면 선교사는 뒤로 물러서서 그들이 실수를 통하여서 배우고, 다시 할 수 있도록 기회를 만들어주는 과정을 반드시 진행하여야 한다.

둘째는 그들과 함께 교회의 중요한 문제들을 의논하여 결정하고 그대로 시행하는 시행 능력과 책임감을 심어주는 단계이다. 선교사가 주도하던 시기가 지나서 자치의 시기로 넘어간다는 것은 저절로 되지 않는다. 반드시 자치를 할 수 있는 훈련과 과정을 지나야 한다. 그것은 현지인들이 지도자들로 자라날 수 있는 토양을 준비하는 선교사의 배려가 있어야 가능하다. 그러므로 사역이 진행되는 교회나 선교 기관의 중요한 일들을 의논하고 결정하는 단계에 현지인의 참여가 필요하다. 이러한 과정을 통해서 현지인들이 사역이 어떻게 결정되고 어떻게 진행되는지를 이해하고, 결정된 일들에 대한 역할의 위임과 실행을 주도하는 과정을 이해할 수 있게 되는 것이다. 또한 이러한 과정을 이해하고 사역을 위임받아 완성해 나가면서 지도력이 생겨나게 되는 것이다.

세 번째는 이런 일들을 그들 스스로 헌금하여 해낼 수 있는 재정의 독립을 이루도록 하는 것이었다. 선교사 주도 시기에는 모든 사역에 대한 재정이 선교사(파송기관)에 의해서 조달될 수밖에 없었다. 그러나 자치 시기로 넘어가기 위해서는 사역을 실행하기 위한 회의나 준비단계에서 반드시 현지 교회가 감당할 재정에 대한 책임감을 가지고 일정 부분 준비하게 하는 것이 중요하다. 이런 과정이 없으면 오랜 세월이 지나도 선교사 주도 시기에서 벗어날 수가 없다.

필자가 주도하여 설립한 어린양교회를 제외하고 개척된 11개 교회의 모든 목회의 권한은 초기부터 현지인 목회자들에게 위임하였고, 협력의 차원에서 의논하고 지도하는 시스템으로 진행하고 있다. 물론 중요한 목회적인 계획은 함께 의논하고 있지만, 교회 안에서 일어나는 모든 일들에 대한 치리는 현지 목회자를 중심으로 한 현지인 리더십에 전적으로 의존하고 있다.

1) 자립 교회로 가는 길

선교지 교회가 이양 과정을 거쳐서 선교사나 섬기던 교회나 선교기관에서 출구전략을 실천하기 위해서는 자립의 과정을 이루어야만 가능하다. 선교지 교회가 자립과 자생력을 갖춘 교회로 나가기 위해서 인력의 자립, 재정의 자립, 그리고 사역의 자립을 필요로 한다.[11)]

첫째는 인력의 자립이 필요하다. 자생력을 지닌 선교지 교회를 세우기 위해서 교회를 지도할 인력의 자립이 중요하다. 즉 인력의 자립은 현지인 교회나 기관의 리더십을 현지인으로 세우는 것을 의미한다.[12)]

선교지 교회가 자립을 위해서 가장 중요한 것이 현지 지도력을 세우는 일이다. 재정도 사역도 결국은 준비된 사람이 운영해 나갈 수 있기 때문이다. 그러므로 어린양교회는 개척 초기인 2003년 11월에 감리교선교

11) 한국 기독교의 몽골선교, 김봉춘, 서울: 도서출판 케노시스, 2016:173-195.

12) 김봉춘, 2016:173.

사들이 연합하여 신학교(이하 MTBC)[13]를 설립할 때 교회를 캠퍼스로 사용하도록 하였다. 이로 말미암아 교회적으로는 많은 청년이 신학교에 입학하여 교회의 좋은 일꾼으로 성장해 나가는 좋은 기회가 되었다. 이처럼 좋은 교회일꾼이 자라남으로 어린양교회 자체적으로도 많은 유익을 얻었을 뿐 아니라, 신생교회들을 개척해 나갈 때 파송할 수 있는 지도자들이 길러질 수 있었다.

둘째는 재정의 자립이 필요하다. 선교지 교회가 재정을 자립한다는 목표를 세우기는 쉽지 않은 일 중의 하나이다. 선교사가 자기가 개척한 교회의 지도력을 현지 지도자에게 이양하고, 또한 교회가 재정적으로 어떤 과정을 통해서 자립하는가에 대한 청사진을 가지고 있지 않을 때 선교지 교회는 선교사들의 사역지 역할에서 벗어나기 어려워진다.

롤랜드 알렌은 "일반적인 교회 생활과 존립에 필요한 모든 재정은 외국의 원조와 별도로 그들 스스로 통제하고 관리할 수 있는 수준이어야 한다."[14]고 언급하고 있다. 자립을 위해서는 즉 개척 초기의 재정적인 의존도를 서서히 극복해 나가면서 교회 스스로 독립성을 유지하는 방향으로 나가야 한다. 원조와 의존에 머물지 않고 재정적인 자립에 대한 계획을 세워서 실천해 나가야 한다. 그렇지 않으면, 오랜 시간이 지나도 여전히 의존된 교회로, 스스로 독립하지 못하는 토착교회로 남을 수밖에 없다.

이와 같이 선교사가 이양과 출구전략에 대한 명확한 확신이 없으면 선교지 교회의 지도자들이 선교사와의 관계를 지원을 주고받는 관계로 고착화하기 쉬워진다. 그러므로 교회가 개척되는 초기부터 재정 자립에 대한 분명한 목표를 분명히 하는 것이 중요하다.

---

13) Mongolian Trinity Bible College.

14) Roland Aleen, 2008; 238.

어린양교회는 개척하는 교회의 초기부터 목회자들의 생활비는 정해진 기간 동안 한국 교회가 지원을 하되, 교회를 운영하는 비용에 대해서는 자체적인 헌금을 통해서 운영해 나가도록 교육을 하였다. 교역자의 사례는 기초적인 생활비와 자녀교육비 등으로 사용되는 것으로 한국 교회의 지원을 요청하여 일정 기간을 지원하고, 겨울에 많이 소비되는 난방비나 교회 운영비 지원은 초기 1~2년 동안 지원을 한 후 자체적인 헌금으로 마련하도록 하였다.

또한 어린양교회는 2014년부터 자체적인 예산으로 현재 에즈니 호락교회(주님의 어린양교회, UB), 텡게링 한츨렐(하나님 나라 교회, 수흐바타르), 도로노드교회, 에르뜨네뜨의 토착교회를 지원해 주고 있다.

선교지 교회의 재정적인 자립에는 현지 교회가 스스로 자국민의 전도자들을 지원할 필요를 느끼고, 또한 자신들의 교회와 사역을 스스로 감당해야 한다는 인식이 필요하다.[15]

셋째는 사역의 자립이다. 사역의 자립이란 선교사의 부재 시에 현지인이 스스로 목회사역을 지속할 수 있어야 한다는 의미이다. 선교사나 세운 교회나 선교기관에서 언젠가는 선교사 부재의 시기가 다가온다. 그때에도 그 사역의 정신이 사라지지 않고, 현지 지도자에 의해서 사역이 지속하여야 한다.[16]

어린양교회는 개척자인 김종진 선교사의 부재를 통해서 사역의 자립이 지속할 수 있는지를 점검해 볼 기회가 있었다. 2007년부터 1년간 그리고 2015년부터 9개월간 김종진 선교사가 안식년 휴가를 위해 교회를 비우는 기간이 있었다. 이때 선교사는 현지 지도자들에게 스스로 목회를 하

15) 김봉춘, 2016:190.

16) 김봉춘, 2016:190.

고, 교회 행정을 이끌어가고, 재정을 스스로 꾸려나갈 수 있도록 위임하여 주었다. 물론 2007년도에는 1년간 교회를 돌보아준 선교사가 있었지만, 그럼에도 불구하고 이 기간 동안 그들 스스로 사역을 책임지고 이끌어나가는 힘을 키우는 기간이 되었다는 것을 알 수 있다.

이 기간에 선교사의 준비된 부재는 현지 교회지도자의 지도력이 자라는 좋은 기회가 된다는 것을 알게 되었다. 선교사의 지나친 주도나 간섭은 현지 지도력이 자랄 수 없게 하는 요인이 될 수 있다. 시간이 지날수록, 선교사는 숲 전체를 바라보고 나가고, 현지 지도자들을 나무들을 바라보게 하면서, 서서히 그들이 나무와 숲을 함께 볼 수 있는 사람으로 자라도록 도와주어야 한다.

2018년 현재 어린양교회는 목회부, 선교부, 교육부, 재정부, 관리부, 음악부 등 6개 부서의 운영이 교우들에게 위임되어있다. 집사회가 구성이 되어, 집사들이 6개 부서에 소속되어 주어진 사역을 진행하고 있다.

2) 이양을 위한 지도자 개발과 양육

> 지도자 개발은 자신의 문화권 사역에서도 중요한 문제이지만 특히 타 문화권에서 교회를 개척하는 사역에 종사하는 선교사들에게는 매우 중요한 일이다. 인종의 차이와 언어와 문화적 제한 때문에 선교사는 현지 교회를 계속 목회할 수 없기 때문에 제한된 기간 동안 일하는 선교사는 토착교회에서 목회할 현지인 목회자를 개발하여 적당한 때에 그에게 지도력을 위임해 주어야 한다. 이것은 바로 예수님과 바울이 우리에게 본을 보여 준 바이다.[17]

17) 박기호, 2005:243-244.

에디 깁스의 교회 형태의 분류법에 의하면 어린양교회의 리더십의 현주소를 알게 되었다. 저자의 분류에 의하면 어린양교회는 151~450명에 해당되는 Middle Management[18]에 속한다.[19] 이 상태에서는 책임의 위임이 필요하고, 이때부터는 복합적인 성장의 형태들이 나타나기 때문에 자원봉사자를 개발해야 함을 알게 되었다. 또한 교회에 심각하게 고려해야 할 것들이 풀타임 스태프와 다양한 사역을 지원하기 위한 행정적인 지원조직이 준비되어야 함을 알게 되었다.

어린양교회는 4명의 풀타임 현지사역자와 6가정의 선교사들이 함께 동역하고 있는데, 나의 관심은 Top Management가 필요한 450~1,000명의 교회의 성장을 위한 조직을 갖추는 데 있다. 이것은 중간급 경영 리더들이 여러 팀이 독자적인 위임을 가지고 일해야 하고 프로페셔널한 팀을 형성해서 함께 동역해야 한다는 것을 의미한다.

박기호 교수는 아무리 선교사가 훌륭해도 인종적, 언어적 그리고 문화적 장벽 때문에 현지인 지도자만큼 효과적인 사역을 할 수 없기 때문에 선교사는 자기의 한계를 인정하고 속히 현지인 지도자들을 선발하고 훈련하는 일을 해야 한다.'고 말하고 있다.[20]

어린양교회는 지도자 개발에 대해서 특히 성경학교 학생들을 양육하는 일에 많은 관심을 가지고 돕고 있다. 물론 성경학교 학생들은 모두 목회자가 된다는 전제가 아니라, 좋은 평신도 지도자를 양성하고자 하는 목적도 있다.

---

18) 몽골의 어린양교회의 교인수가 해당되는 그룹, 아동들까지 포함해서 250~300 실제 평균 참여인원

19) Eddie Gibbs, *I Believe in Church Growth*. Pasadena: FULLER SEMINARY PRESS, 2000:380-385.

20) 박기호 2005:238.

이들은 몽골 감리교 교단 선교부에서 운영하는 성경학교인 MTBC[21]에서 공부하는 이들과 연합성경학교(UBTC)[22]와 한국에 유학하고 있는 인재들을 모두 포함한다(감리교신학대학교, 서울 소재).

이들이 앞으로 교회와 몽골교회의 미래를 위해서 헌신할 사람들이다.

그 명단을 정리해 보았다.

〈표 18〉 성경학교 졸업생 및 재학생들(2003-2013)

	이름	성별	학교	학년	활동부서
1	오그나	여	MTBC	2년 수료	의대재학중 아동부 교사
2	설렁거	여	MTBC	2 수료	한국거주
3	잉헤	여	MTBC	4년 졸업	일반대학재학중
4	절러	여	MTBC	4년 졸업	찬양담당전도사
5	바야르마	여	UBTC	4년 졸업	종아일교회파송 현재 직장생활
6	오잉가	여	MTBC	4년 졸업	전도사/ 현재 대학재학중
7	히시게	여	MTBC	4년 졸업	전도사/ 현재 대학재학중
8	강자르갈	여	MTBC	4년 졸업	성경학교 근무 현재 가정생활중
9	찬차돌람	여	UBTC	4년 졸업	중고등부전도사
10	네르구이	남	MTBC	4년 졸업	교회개척준비중
11	강톡스	여	감신대	학부편입졸업	열림교회 후원 통역으로 섬김
12	토야	여	MTBC	신대원졸업	핸티교회개척 파송
13	챈데	여	MTBC	2학년 재학중	재학중/아동부
14	보이나	여	MTBC	1학년 재학중	재학중/아동부
15	어뜨겅자르갈	여	UBTC	신대원재학중	전도사/전체 담당
16	톨가	남	UBTC	신대원	아동부 담당
17	챈데아요시	여	감신대신대원	6/6	동성교회후원
총 17명					

21) Mongolian Trinity Bible College.

22) Union Bible Training Center.

이 신학생들은 어린양교회가 창립된 이후에 신학교에서 훈련받은 사람들의 명단을 정리한 것이다. 현재 교회에서 섬기고 있는 사람들도 있고, 다시 일반대학교에 진학하여 좋은 기독교 지도자로 성장해 나가는 사람도 있다.

3기 몽골 사역에서는 교회성장을 위한 리더십 개발과 리더십의 위임에 관한 연구를 통해서 다음 단계의 성장을 준비하고 있다. 양적 성장에 반드시 조직 행정의 지원과 책임과 권위의 위임이 필요하고, 다양한 사역 안에 풀타임 사역자와 자원봉사자의 은사에 따른 동역과 섬김에 대한 청사진을 마련하려고 한다.

어린양교회는 개척 초기부터 평신도 사역자들을 양육하여 교회 전반에서 함께 동역해 오고 있으며, 이로 말미암아 교육부서 전도부서 사회봉사부터 문화센터 그리고 예배부서 등 전반적인 부분에서 현지인 지도자들의 활동적인 사역이 일어나고 있다. 이런 배경으로 인해 선교사들과 현지인 지도자들의 전반적인 협력이 이루어질 수 있었다.

옥한흠 목사는 개척하여 섬겼던 사랑의 교회가 개척 초기부터 평신도를 훈련시켜 목사와 더불어 영적 사역을 더불어 해 왔다고 말하고 있다. 이러한 이유로 영혼을 돌보는 일에 공감대가 형성되었고 이것이 교회 전체의 큰 자산이라고 말하고 있다.[23)]

3) 재정의 독립과 지도력 이양

재정적인 후원 없이 몽골인들에 의해 교회개척이 가능한가? 지역과 상황에 따라 가능하다고 본다. 몽골인들에 의해 시작되는 교회에는 재정

---

23) 옥한흠, 다시 쓰는 평신도를 깨운다(*Called to Awaken the Laity*), 서울: 국제제자훈련원, 2000:331.

적인 후원 없이 목회적인 지원과 교육적인 후원만 있어도 어느 정도 가능한 가능성을 보았다. 그것은 현지인 교회지도자 양육을 위한 세미나를 인도하면서 그들을 직접 만나면서 배운 교훈이다. 이들이 세미나 이후에 그들 지역을 벗어나서 교회개척을 위한 의견들을 내놓았을 때, 기도하면서 이 일을 진행하도록 권유한 바 있다. 어린양교회는 교인의 의무로 십일조와 감사헌금을 교육하고 있고, 주일예배에 드려진 헌금을 재정으로 통계할 때, 현지인들의 헌금과 선교사들이 한 헌금을 나누어서 차지하는 비율을 정기적으로 살펴보고 있다. 이렇게 하는 까닭은 토착교회로 가는 과정을 염두에 둔 까닭이고, 현지인 헌금 비율이 점차적으로 올라가고 있다.

참고로 2013년 어린양교회의 헌금 수입을 정리하였다. 이 헌금 수익은 주일 헌금을 중심으로 정리한 자료이다. 몽골인들이 주일에 드린 헌금을 중심으로 일반 헌금과 감사헌금 그리고 십일조 헌금 그리고 특별 헌금을 계수한 것이다.

전체 헌금에서 한화와 달러로 드려진 헌금은 단기팀이나 선교사들이 드린 헌금으로써 이를 제외하고 몽골인들이 드린 헌금을 계수하면 41,084,195 ₮(투그릭)이다.[24] 헌금을 계수함에 있어서 몽골 현지인들이 드린 헌금과 선교사와 단기팀들이 드린 헌금을 정확하게 나눌 수 없는 부분도 있지만, 예배를 통해서 드린 헌금의 일반적인 통계로는 자료상의 의미는 있다고 본다.

2013년 한 해 동안 어린양교회의 주일 헌금을 통해서 볼 때, 건물 수리 등의 특별한 지출이 발생하지 않으면, 인건비, 관리비, 교육 행정비 등 90% 이상의 자립이 가능하게 되었다. 2013년에는 예배당 리모델링,

24) 몽골화 41,084,195투그릭은 미 달러로 $ 27,389($1 = 1,500 ₮)이고, 한화로는 29,345,000원(1원 = 1.4 ₮) 정도이다. 환율은 2013년 중간환율로 계산했다.

교회 마당 시멘트 작업 등 큰 공사가 생겼고, 이렇게 필요한 지출은 선교사들과 단기팀들이 드린 헌금 수입을 통해서 해결해 나갈 수 있었다.

〈표 19〉 어린양교회 2013 헌금(어린양교회 재정)[25)]

	수 입				
	합	십일조	감사	주일	특별 / 기타
1월	1,683,250 ₮ $ 400 $1– 1,390 ₮	586,560 ₮ $ 400	680,000 ₮ $ 250	55,540 ₮	
2월	2,094,525 ₮ 1,450,000원	495,200 ₮ 1,300,000원	521,975 ₮ 150,000원	37,350 ₮	
3월	2,622,640 ₮ 320,000원	1,008,620 ₮ 320,000원	756,570 ₮	103,800 ₮	753,650 ₮ 부활절헌금
4월	2,769,020 ₮	1,395,490 ₮	598,380 ₮	47,150 ₮	98,000 ₮
5월	2,146,820 ₮ $10	1,214,350 ₮	667,450 ₮	65,020 ₮ $ 10	200,000 ₮ 구제
6월	2,933,280 ₮ 850,000원 $ 108	1,564,700 ₮ 750,000원	1,096,830 ₮ 100,000원 $ 108	166,750₮	105,000 ₮ 장학헌금
7월	1,862,810 ₮ 30,000원	564,920 ₮	956,400 ₮ 20,000원	101,360 ₮ 10,000원	240,130 ₮
8월	6,401,940 ₮ $ 2,935 990,000원	2,903,700 ₮ $ 100	3,244,300 ₮ $ 2,825 780,000원	53,940 ₮ $ 10 10,000원	200,000 ₮ 차량수입 200,000원 공연수입
9월	5,882,370 ₮ 515,000원 $ 115	3,400,600 ₮ 450,000원	1,299,230 ₮ 65,000원 $ 115	72,050 ₮	445,000₮ 땅 임대수입 185,000 ₮ 차량수입 90,000 ₮ 장학 390,490 ₮ 바자회
10월	4,822,290 ₮ 200,000원$ 110	3,302,340 ₮ 200,000원 $ 100	1,407,410 ₮ $ 10	112,540 ₮	

25) 2003년도 어린양교회의 재정은 한화로 환산해 보면 합계 42,385,000원 정도이다. 1,000원 = 1,250₮의 환율로 계산하였고, $ 1=1,200원 정도로 환산하였다. 십일조가 21,324,000원으로 전체 헌금에 50% 정도의 비율을 차지한다.

11월	4,752,420 ₮ 450,000원	3,433,560 ₮ 450,000원	1,264,260 ₮	32,600 ₮	1,400,950 ₮ 추수감사 22,000 ₮ 장학
12월	2,951,430 ₮	1,548,770 ₮	1,346,060 ₮	56,600 ₮	791,600 ₮ 성탄헌금
합계	41,084,195 ₮ $ 3,928 4,805,000원	21,418,810 ₮ $ 600 3,470,000원	13,838,865 ₮ $ 3,308 1,115,000원	849,160 ₮ $ 20 20,000원	2,946,200 ₮ 1,975,620 ₮ 200,000원

10%의 부족한 부분은 현재 전임 사역자 한 명과 파트타임 사역자 한 명의 월급을 매월 한국 교회의 후원으로 지급하고 있다. 앞으로의 과제는 현재 4명의 전임 사역자와 1명의 파트타임 사역자에 대한 사례비 부분을 좀 더 현실화할 필요를 느끼고 있고, 교회 헌금을 통해서 이 부분을 스스로 감당할 수 있다고 본다.

4) 출구전략

출구(Exit)의 정확한 의미는 무엇인가? 한철호는 출구전략의 의미에 대해서 선교사역이 건강하게 진행되어 선교사(단체)의 역할이 종결되면서 지도력이 이양되고 선교사(단체)가 현장 또는 사역에서 물러나는 것을 뜻한다라고 언급하고 있다.[26] 즉 출구전략이란 지도력 이양과 더불어 토착교회가 영적으로나 재정적으로 자립 자치 자전을 행할 수 있도록 선교사가 자기의 설립 교회나 기관에서 떠나는 전 과정을 말한다.

> … 그러나 출구전략은 선교 발전 전 과정을 염두에 두어야 한다. 이런 점에서 출구전략은 한편으로는 입구전략과 연결되어야 하고, 다른 한편으로는 출구후 지

26) 방콕 선교포럼 위원회 엮음, 한국 교회의 출구전략(*Exit Strategies and Korean Mission:Reflections and Implications*), 한철호, '방콕 포럼 출구전략 주요 논의사항', 서울: 예영 커뮤니케이션, 2012:244.

속전략과 연결되어야 한다. 다시 말해 입구전략, 출구전략, 출구후 지속전략이 종합적으로 연계되어야 한다. 더 나아가서 입구 전략과 출구전략 사이의 기간에 해당하는 유지 전략도 고려해야 한다….[27]

또한 이양은 대개 선교 재산 및 위임 문제로 국한될 수 있지만, 그러나 선교사 출구 계획은 현지 교회의 전반적인 토착화와 연결될 때에 가장 건강할 수 있다.[28] 선교학적인 관점에서 출구전략은 토착교회 자립 원리와 맞물린 핵심원리이기 때문에 선교사는 현지에 도착한 첫날부터 현지 교회의 자립, 자치, 자전 그리고 자신학화를 염두에 둔 사역을 기획하고 진행해야 한다.[29]

선교는 본질적으로 스스로 복음을 전할 수 있는 교회가 세워지면 그 후 그 민족의 복음화는 선교사들에 의해서 진행되는 것이 아니라 그 공동체의 자국 그리스도인들에 의해서 시작되는 것이다. 따라서 선교는 시작부터 선교사의 철수(선교사의 안락사)라는 DNA를 가지고 있다. 따라서 선교는 필연적으로 개척단계-양육단계-동역단계-참여단계(철수)의 과정을 가지고 시작된다. 따라서 개척단계에서부터 시작되어 각 단계별 전략을 생각하는 것은 당연한 일이다.[30]

박기호는 스테픈(Steffen)의 말을 빌려 선교사 교회 개척자가 떠나는 충격을 최소화하고 성령께서 전체 교회에 주신 모든 은사와 기술들의

27) 방콕 선교포럼 위원회 엮음, 2012:125.

28) 방콕 선교포럼 위원회 엮음, 안교성, 2012:125.

29) 방콕 선교포럼 위원회 엮음, 한철호, 2012:242.

30) 방콕 선교포럼 위원회 엮음, 한철호, 2012:243.

가능성을 최대화하는 지도력 인계의 10가지 원리를 소개하였다.[31]

i. 깊은 관계를 맺으라

ii. 현지인들이 비전을 갖도록 하라.

iii. 요구하기 전에 사역의 본을 보이라

iv. 권한을 분산하기 위한 조직을 하라

v. 현지인들로 하여금 즉시 사역에 참여하게 하라.

vi. 실수할 것을 두려워하지 말라

vii. 현지인들이 잘할 수 있다는 것을 믿어라

viii. 철수 계획을 종종 밝히라.

ix. 계획을 세워서 일부러 사역지를 비워라

x. 선교사 교회 개척자가 떠난 후에도 사역이 번창할 것을 기대하라.

어린양교회를 시작하고 사역이 진행되면서 몽골인을 위한 몽골인에 의한 예수님의 교회를 만들고자 하는 열망이 생겨났고, 선교사는 언젠가 부름의 사명이 끝나면 떠나야 할 사람이라는 인식이 생겨났다. 그래서 교회의 이양과 출구전략에 대한 계획들을 구체화하기 시작하였다.

이런 이유로 출구전략을 위해서 3가지에 초점을 맞추었다.

하나는 교회를 영적인 면에서 지도하고, 교육을 시킬 수 있는 지도력 양성을 위한 부분이었다. 이 일을 위해서 교회의 영적인 지도자를 양성하는 신학교를 연합으로 설립하고 또한 신학생들을 지도하고, 이들이 교회 안에서 지도력을 발휘할 수 있는 시스템을 만들고 검증하여 지도하고 격려하는 일을 하게 되었다.

둘째는 토착민에 의한 교회를 유지하기 위해서는 재정적인 자립을 할

31) 박기호, 2005:242-243. 재인용.

수 있도록 준비하는 일이었다. 재정의 자립은 교인들이 헌금하여야 실현될 수 있는 일이다. 그렇기 때문에 우선적으로 지도자들이 솔선하여 십일조 헌금과 감사헌금과 기타 헌금을 할 수 있도록 교육하였다. 또한 성경공부와 세례교육에서 헌금이 성도의 의무이며 책임이라고 교육하는 일을 반복해서 강조하였다. 몽골 교인들의 헌금이 없이 이양과 출구전략은 아무런 의미가 없고, 무책임하고 무질서한 교회들을 남겨놓게 되는 결과를 낳게 될 것이다.

그리고 세 번째로, 선교사가 소속된 한국의 교회들이 형성해 놓은 재산을 복음을 위한 목적으로 영속적으로 사용하기 위해 법적으로 보호하는 일에 초점을 맞추었다. 이것은 선교지에서 선교지 재산을 현지인들이 개인의 사사로운 이익을 위해서 전용하여 처분하고 교회와 선교의 문을 닫는 일들을 보면서 주목하게 된 것이다. 그러므로 어린양교회는 설립 초기에 몽골 정부로부터 'Christian Methodist Center' 즉 종교법인 허가를 받고 모든 재산을 이 기관에 소속시키는 법적 절차를 마무리하였다. 이 일은 선교지의 재산이 하나님 나라를 위해서 사용되어야 하는 원래의 목적을 수행하기 위해 준비한 절차이다.

5. 출구전략에 대한 몇 가지 고찰

하나의 선교이론이 트렌드가 될 때 현장에 폐해가 있을 수 있다. 그것은 이론을 위해 현장이 움직일 때 일어나는 안 좋은 결과들에 관한 것이다. 현대 선교이론 중에 출구전략과 이양도 이와 같은 많은 오해와 단견들로 인해서 현장에서는 여러 가지 원치 않는 결과들이 나오기도 한다. 제대로 된 준비가 없이 선교사가 선교현장에서 때 이른 이양과 출구전략을 실행에 옮기게 되는 경우에 일어날 수 있는 결과들에 대한 냉정한 고찰이 필요하다.

떠나야 한다는 전제를 가지고 현장을 이론에 맞추게 될 때 일어나는 많은 폐해들이 있을 수 있다는 전제를 가지고 있어야 한다.

하나의 예를 들어보면, 롤런드 앨런은 바울의 선교와 우리의 선교를 비교하는 그의 저서에서 오늘날 많은 선교사역들이 바울 사도의 선교 방법의 단편 만을 보고 모방했다가 실패하게 되자 바울의 방법에 대해서 반론을 제기하는 경우가 있다고 비판하고 있다.[32] 이러한 비판은 바울이 한 도시에서 복음을 전하는 기간을 짧게 하고 떠난 경우들에 대한 경우를 언급하는 듯하다.

그렇다면 선교사가 개척하고 주도적으로 이끌어나가는 선교가 현지 지도자에게 위임되지 못하고, 실패하는 원인은 무엇인가? 엄청나게 많은 물질적인 자원과 인적인 자원 그리고 많은 시간이 지나도 현지인에게 리더십 위임과 이양이 제대로 이양되지 못하는 이유는 무엇일까?

1) 실패의 원인들

i) 빈번한 선교지도력의 교체

우선 많은 경우에 선교사 주도 시기를 거쳐서 자치 시기로 넘어가지 못하고 실패하는 일들이 신교현장에 일어나고 있다. 이와 같이 빈번히 신교사의 지도력이 교체되면서 토착교회의 지도력이 자라나지 못하고, 위임의 과정을 거치지 못하여 건강한 자치 시기로 넘어가는 기회를 상실해 버리는 것이다. 그러므로 이후 단계로 넘어가야 하는 현지 지도력 양성과 재정적인 자립과 사역의 독립을 경험하지 못하는 교회들이 많이 양산되

32) Roland Allen, 2008:23.

고 있다.

대부분 현지 지도력이 만들어지지 않은 상태에서 선교사의 교체는 파송하는 교회에서 다른 선교사를 보내게 되고, 초기 선교사는 자기의 영역을 확보하기 위해서 이미 형성된 토착교회의 지도력과 갈등을 빚게 되고, 다시 새로운 현지인을 선발하여 양성하는 과정을 반복함으로 성숙한 토착교회(선교기관)의 지도력이 양성되지 못하는 경우가 생기게 되는 것을 보았다.

ii) 이양과 출구전략에 대한 청사진이 없다.

선교를 시작하는 초기 단계에 개척과 출구전략에 대한 청사진이 없다는 점을 들 수 있다. 즉 토착교회(선교기관)를 개척하는 시기인 초기 시기의 입구 전략과 실행은 풍성한데, 어떤 과정을 거쳐서 나와야 하는가에 대한 계획이 없기 때문에 실패한다. 교회나 선교 기관을 시작하는 시점부터 교회(선교기관)를 책임질 현지 지도자를 제자 삼아 그를 지도자로 만들어 내는 과정을 바로 시작해야 한다.[33] 그에게 교육의 기회를 주고, 가까이 두고 선교사의 삶과 기술들을 배우게 하고, 또한 사역을 위임하여 기회를 주어 평가하고, 실수가 있더라도 다시 기회를 주어 익숙하게 그 사역을 책임질 수 있는 지도자로 자라나게 하는 과정을 선교사가 준비해주어야 한다.

그렇지 않으면, 오랜 시간이 지나도, 선교사를 위한, 선교사에게 필요한 사역지로 전락하고 말 것이다. 여전히 언제까지나 선교사 주 도시기로 남아있는 선교지가 될 것이다.

iii) 때로는 많은 시간이 필요하기도 하다.

선교의 결과를 도출해 내는 선교현장에 대한 실질적인 이해가 부족하기 때문이다. 특히 교회를 개척한다는 것이 무엇인지, 교회를 책임질 제

33) 성경학교나 신학교 혹은 지도자 훈련과정.

자를 만드는 일에 얼마나 많은 시간과 정열과 많은 실수와 상처를 겪어야 하는 가에 대한 실질적인 계산이 되어 있지 않기 때문이다. 때로는 많은 시간이 필요하기도 하다. 빠른 이양과 출구전략이 꼭 좋은 것이 아니다. 오히려 하나님의 때를 분별하고 적용하는 것이 더 중요함을 알아야 한다.

롤런드 앨런은 말하기를 "그러나 바울은 회중을 모은 게 아니라 교회를 설립했으며, 그 교회가 사역 체제와 성례와 전통이라는 측면에서 충분히 정비될 때까지 그곳을 떠나지 않았다."[34]고 주장하고 있다.

앨런은 바울이 제대로 교육을 받지 않은 회심자에게 세례를 주어서 그가 떨어져 나간 경우가 없다고 주장하고 있다. 즉 바울의 전도 여행이 그냥 짧은 기간을 스쳐 지나간 과정이 아니라, 한 지역에 책임질 만한 지도자가 생겨서 교회를 책임지게 할 정도의 성숙한 사람이 생길 때까지 교육하고 위임하는 시간을 가졌다는 것을 의미한다.

이러한 관점에서 볼 때, 어린양교회가 개척부터 15년이 지나는 동안 토착교회의 지도력을 양성하고, 그들에게 지도력을 위임해서 훈련을 시키고, 사역과 재정이 자립할 수 있도록 교육하고, 보호하고, 위임하는 일관된 시간을 보냈다고 볼 수 있다. 어떤 경우에 사도 바울은 이런 결과를 갖기 위해서 수개월에서 수년이 걸렸고, 어린양교회는 15년 정도의 시간이 걸렸다는 차이가 있을 뿐이다.

iv) 한국 교회의 관점

선교지 현장을 한국 교회의 관점에서 바라보는 시각이 선교현장의 올바른 지도력의 이양과 자립에 어려움을 주는 경우가 있다. 이것은 예수님의 지상 명령인 선교를 감당하기 위해서 파송하고, 지출하고 마련했던 모든 유무형의 선교자산들을 소유의 관점에서 보게 될 때 일어날 수 있는

34) Roland Allen, 2008:23.

결과이다. 물론 선교지의 유무형의 재산들을 원래의 목적으로 활용하기 위해서 공적인 절차를 통해서 보호하고 관리하는 것은 올바른 접근이다.

그러나 이렇게 하는 근본적인 목적이 무엇인가를 염두에 두어야 한다. 그것은 선교를 위해서 하나님께 드린 모든 유무형의 자산들이 결국은 토착교회에 위임되고, 토착교회의 지도자들에 의해서 활용되기 위해서 언젠가는 올바른 절차를 위해서 이양되어야 한다는 전제를 가지고 있어야 한다는 것이다.

2) 우리는 바울이 아니다

우리는 바울이 아니다. 바울은 선교를 위해서 외국 언어를 배울 필요도 없었고, 헬라 로마 문화와 히브리 문화를 태생적으로 습득한 다문화 경험을 갖춘 사람이었기에 문화 적응기를 심하게 겪을 필요가 없던 사람이었다. 또한 태생적인 로마인이었기에 당시 세계의 중심이었던 로마가 지배하는 그 영토 어디에서건 비자를 발급받기 위한 어떤 문제도 없이 선교 활동에 전념할 수 있었다. 비자를 위한 심사도 없었고, 비자를 위해서 현지인 2명의 최저임금을 매월 지불할 필요도 없었고, 비자 접수 서류를 들고 노동부와 비자청을 갈 필요도 없었고, 또한 비자를 받아 활동할 교회의 기간 연장을 위해서 매년 두툼한 서류를 제출하고 마음을 졸이면서 하염없이 기다리는 그런 것이 필요 없던 사람이었다.

그리고 바울은 이미 장막을 만드는 기술을 가지고 있던 사람이었기에 언제든 어디를 가든지 그 기술을 통해 생계를 유지할 수 있었다. 또한 그는 결혼하지 않았고, 가정을 구성하지 않은 상태로 평생을 살았기에 자녀 교육을 위해서 학교를 찾아다니고, 옮겨 다니고, 아침저녁으로 아이들을 학교에 데려다주고 데려오는 일을 할 필요가 없었다. 언제든 원하면 어디든 갈 수 있는 자유가 있었다. 또한 가족들을 때로는 외국인들에게 적대적인 현지인들로부터 지켜내기 위한 안전 가옥을 준비할 필요가 없었다.

그러므로 현재 대부분의 문화권을 넘어서 선교사로 파송되는 사람들이 수개월이나 수년 안에 토착교회를 설립하여 자치 시기를 거쳐 자립 되는 교회를 만들어 내야 한다는 전제는 무리가 되는 목표가 될 수밖에 없다. 우리는 바울이 아니기 때문이다. 충분한 시간을 가지고, 언어를 배우고 문화를 익히고, 가정을 돌보고, 현지의 사람들과 교제하면서 교회를 세우는 일을 진행해야 한다. 그리고 또한 바울은 이미 로마제국 전역에 산재해 있던 유대인의 회당을 중심으로 활동할 수 있었다. 그리고 이미 헬라어로 된 성경이 선교를 위해서 준비되어 있었다.

그런데 우리는 스스로 교회도 세워야 하고, 미전도 종족에는 성경도 찬송도 또한 교회를 이끌어갈 인재를 키우기 위한 성경학교도 설립해서 가르치는 일도 해야 한다. 기본적으로 제자를 키우기 위한 성경학교 커리큘럼은 3~4년의 시간이 필요하다. 그런데 새로운 나라의 언어와 익히고 또한 그 언어로 수년이나 수개월 안에 제자를 만들고 교회를 맡기고 떠나야 한다고 하는 전제가 얼마나 망상에 가까운 환상적인 생각인지를 알아야 한다. 우리는 바울이 아니다.

대부분의 미전도종족 교회들은 일반적으로 1년 GDP가 3,000달러 미만이다. 그리고 60% 이상이 직장이 없고, 여인들이 직장을 가지는 것이 사회적으로 힘든 구조를 가지고 있다. 그러므로 이들에게 교회를 세우고 스스로 자립하는 일을 위임하고 떠나게 될 때 수년 동안의 선교적인 노력이 하루아침에 다 무너져 내려서, 그동안 수년 동안 후원했던 교회들의 시간과 재정적인 헌신, 그리고 선교사의 노력들이 허사로 돌아가는 경우를 보게 된다.

시간이 필요하고, 전략이 필요하고 청사진이 필요하다. 그리고 선교를 시작한 선교사나 후원하는 본국의 교회나 선교부의 좀 더 완만한 계획이 필요하다. 평생을 바친 선교사에 걸맞은 평생을 옆에 있어 줄 교회도 필요한 것이다. 우리는 바울이 아니다.

대표적인 미전도종족 국가인 몽골에서 어린양교회가 15년 동안 선교사 주도 시기를 거쳐서 자치와 자립의 과정을 지나는 이 시간에 이양과 출구전략이란 일관된 청사진을 가지고 선교사 지도력과 현지 지도력이 변함없이 함께했다는 것이 큰 의미 있는 일이라고 본다.

6. 요약

이 장에서는 선교사가 주도하여 개척된 토착교회가 자치하는 교회로 전환되는 과정을 정리하였다. 특별히 성장하게 된 원인들에 대해서 협력사역, 지역사회를 위한 섬김 그리고 협력모델로서 단기팀과의 협력과 이양과 출구전략에 대해서 언급하였다.

다음 장에서는 토착교회의 자치 시기와 자립 시기에 대해서 자세히 기술하겠다.

제7장

토착교회의 자치와 자립 시기

1. 2014년부터 2018년까지

이 장의 목적은 미전도종족 가운데 설립된 토착교회가 어떻게 선교사 주도 시기를 거쳐서 자치와 자립 된 교회로 성장해 나갔는가를 살펴보는 데에 있다.

어린양교회의 초기 개척 시기는 이 책의 주된 배경이 되었는데, 그 시기는 10년의 기간(2003~2013년)이었다. 이 시기는 선교사가 주도하여 교회가 개척되고, 일꾼들이 자라나고 교회의 조직이 생기고, 또한 재정이 늘어나면서 사역자들의 자치 시기 모습들이 담겨 있다.

그리고 이 시기가 흘러가서 2014~2018년까지 진행된 교회의 모습을 간략하게나마 정리할 필요가 생겼다. 이 시기는 토착교회인 어린양교회의 지도력이 사역 곳곳에 자리 잡고 활성화되기 시작하였고, 자립 시기가 자리 잡는 시기이다. 이 자립 시기가 어떻게 형성되었는지를 정리하는 것은 의미 있는 일이다.

이 5년간의 기간에 어린양교회는 재정적으로 자립의 과정을 밟아왔고,[1] 또한 지도력 면에서도 자립 자치 자전하는 단계로 들어가게 되었다. 교회는 자체적으로 몽골 국내에 전도팀을 보내는 일을 정규적으로 진행하고 있다. 또한 목회자들이 양성되어 교회의 일꾼으로 섬기게 되었고, 또한 교회에서 양성된 지도자들이 파송되어 교회를 개척하여 목회하는 일을 감당하게 되었다. 그리고 또한 어린양교회는 자체 예산으로 몽골교회들을 돕고, 해외 선교를 본격적으로 돕는 일을 시작하였다.

2. 교회지도자 배출

헨리 벤(Henry Venn)은 '교회라는 측면에서 볼 때, 선교의 궁극적 목표는 자립 체제 기반 위에 현지인 목사들이 지도하는 현지인 교회를 설립하는 것이다. 이런 목적을 생각할 때, 선교의 진보는 현지인 목사의 훈련과 배치에 달려 있다는 점을 명시해야 한다.'[2]고 말하고 있다.

이런 면에서 볼 때, 어린양교회는 개척 초기로부터 평신도 지도자를 양성하는 것뿐 아니라, 교회의 목회를 책임질 수 있는 지도자를 양성하는 일에 힘을 써 왔다. 결국은 자립하는 교회, 토착화된 교회는 선교사들이 현지인 교회지도자들에게 책임과 사역을 이양하고 떠날 때 완성될 수 있기 때문이다.

---

1) 참고로 2018년 어린양교회의 헌금상황은 총 헌금 155,674,790₮로 이중 십일조는 98,740,230₮이다. 한화로 환산하면 헌금합계 72,400,000원에 십일조가 46,000,000원으로 전체 헌금의 63% 정도를 차지하고 있다. 1,000원=2,150₮

2) Ralph D. Winter 외, Perspectives on the World Christian Movement 정옥배 외 역, 랄프윈터, '네사람, 세 시대, 두 전환기: 현대선교', 도서출판 예수전도단, 2013:557.

1) 목사안수

2018년 8월 29일에 제1회 몽골 감리교 연합 안수식에서 어린양교회를 통해서 배출되어서 목회하거나, 전임 사역자로 사역하는 이들이 목사 안수를 받았다.

〈사진 11〉 몽골감리교 목사안수 및 정회원 허입(2018.8.29)

그 명단은 다음과 같다.

〈표 20〉 어린양교회 출신 목사 안수자 명단(2018.8.29)

	이름	교회	사역 형태
1	찬차돌람	어린양교회	전임, 2010년
2	바트톨가	주님의 어린양	개척/담임, 2014년
3	히식수렝	천국의 다리	개척/담임, 2016년
4	강수흐	예수양떼	개척/담임, 2007년

2) 정회원 목사 허입

또한 이 목사 안수식에서는 그동안 몽골 복음주의 연합회에서 혹은 한국에서 안수를 받고 활동하던 감리교 목사들에 대해서 정회원 2년급에 허입 하는 절차를 밟았다. 이때 CMC & 어린양교회에서 배출된 목사들의 명단을 소개한다.

〈표 21〉 정회원 허입한 목사들(2018.8.29)

	이 름	교회	사역 형태
1	어뜨겅자르갈	어린양교회	전임목회
2	토야	아고운드르에젱	개척/담임
3	챈데 아요시	MTBC신학교	전임
4	나라만다흐	영원한구원의별	개척/담임
5	보양덜거르	오직진리	개척/담임
6	쉔 바이라	이웰링후레	개척/담임, 준회원

3) 집사 임명 및 부서 배정

어린양교회는 2019년 1월 신년 주일(1월 6일)에 33명의 집사를 임명하였다. 그리고 5명은 명예집사로 임명하였다. 집사의 자격은 세례받은 후 2년이 경과하고 몇 가지 자격조건을 갖추어서 임명하였다.

집사를 위한 모임과 교육은 2018년 2번 / 2019번 2번에 걸쳐 진행하였다. 주일성수 십일조 교회 봉사를 하는 이로써 나이는 기본적으로 25세 이상을 기준으로 하였다.

〈사진 12〉 집사 임명(2019.1)

집사는 아래 부서에 소속하여 은사를 따라 봉사한다.

· 각 부서별 집사직 임명

목회부: 어뜨겅 자르갈 목사 / 오랑치멕(행정)

교육부: 찬차돌람목사 / 아므라전도사 / 강툭스 / 첸데

재정부: 너르워 / 톨가 / 자기

음악부: 투러 / 툭서 / 절러 / 오양가 / 바이라 / 수헤네

봉사부: 오그나 / 뭉허 / 헝그러 / 가나 / 오랑벌드 / 홀랑

관리부: 바트바타르 / 잉흐바야르 / 애기 / 다욱도르지 / 엔드라 / 다르항바타르 / 사랑토야

선교부: 어유카 / 소브다 / 뱜블레 / 시내 / 바기 / 다와

장년부: 수흐바트 어유나

명예집사: 촐롱후 지그미드 서드넘 투르턱터흐 덜거르

신학생: 친바트 냠캬 투므러

3. 교회개척 사역

CMC & 어린양교회의 개척사역은 매년 계속 지속되었다. 2014년 개척 예정으로 기도하던 교회 개척이 예정대로 진행되었고, 이후에도 몇 개의 교회가 개척되었다. 아래에 언급된 개척교회들은 '하나님나라교회'를 제외하고 3개의 교회는 어린양교회 출신의 사역자들이 신학교를 졸업하거나 재학중에 있는 이들이 파송되어 교회를 개척하고 목회를 하고 있다.

〈사진 13〉 CMC & 어린양교회 협력교회들(2018)

〈표 22〉 2004년 이후 개척된 교회들

	교회 이름	지역	설립일	후원교회
15	에즈닉 호락	UB, 바양주룩, 모넬	2014. 7.	개포교회 충주교회
16	천국의 종소리	투브아이막, 존모드	2014. 12	은평교회
17	하나님 나라	수흐바타르 아이막, 투뭉척트솜	2016. 9	이천 남지방 진관교회
18	천국의 다리	UB, 칭겔테, 몽라	2016. 8	월곡교회
19	기도중	으블항가이, 유승주일솜	2015년 대지구입	
20	기도중	다르항		

4. 몽골교회를 섬기는 사역들

1) 전도 여행

어린양교회는 매년 정기적으로 몽골 국내의 여러 지역에 전도팀을 파송하여 섬기고 있다. 이 일은 한국 교회로부터 받은 복음과 하나님의 은혜의 빚을 적극적으로 갚는 것과 더불어 몽골인들에 대한 복음전파는 몽골인들의 손으로 하자는 목적을 가지고 있다. 아래의 표는 어린양교회가 다녀왔던 전도여행일정을 정리한 것이다. 물론 전도여행에 들어가는 비용은 어린양교회 재정에서 감당하고 있다.

〈사진 14〉 전도팀 파송(2017.6.11-18)

〈표 23〉 전도여행(2014-2018)

일시	지역	교회 이름	수	사역
2014. 02.17-20	으블항가이 도 중바양올랑 솜	중바양올랑 어린양교회	8	어린이 성경학교 장년부 성경공부
2014.07.21-25	핸티 수도	아고운드르에젱	9	어린이성경학교 전도
2015.01.26-30	으블항가이 도 중바양올랑 솜	중바양올랑 어린양교회	9	어린이 성경학교 장년부 성경공부
2016.01.10-15	더르너드, 수도	일겡팅 잠	8	어린이성경학교
2016.07.17-23	핸티수도 수흐바타르투뭉척트 더르너드, 초이발산	아고운드르에젱 하나님의 나라 일게팅잠	29	어린이성경학교 "불가능한 것은 전혀없네" 찬양공연
2016.02.10	으블항가이 유승주일솜	개척준비중	2	100명 아동들에게 사마리아선물 나눠주고 복음전함
2016.10.03-.08	핸티, 더르너드, 수흐바타르 3개 도 지도자들	아고운드르에젱	4	교회학교 교사들 교육
2016.12.15	울란바타르	울란바타르 교회들 초청	30	"불가능한 것은 전혀없네" 찬양공연
2017.01.15-20	고비-알타이 수도	헤를락그드승	17	교회학교 어린이 "불가능한 것은 전혀없네" 찬양공연
2017.02.28-3.02	으블항가이 유승주일 솜	개척준비중	1	100명 아동들에게 사마리아선물 나눠주고 복음전함
2017.03.13-17	더르너드, 초이발산	일겔팅잠	4	교회학교와 교사들을 위한 교육
2017.06.11-18	아르항가이,체첼렉 자우항, 올리아스테	나자르	30	어린이교회학교 "불가능한 것은 전혀없네" 찬양공연
2017.07.23-26	셀렝게도, 돌랑항 솜	으르츨륵트 몽골	27	어린이교회학교 "불가능한 것은 전혀없네" 찬양공연
2017. 06.23-25	핸티 수도	아고운드르에젱	7	교회학교 교사들, 지도자들 세미나
2018.11.28-30	핸티	아고운드르에젱	9	교회학교 교사들, 지도자들 세미나

2) 미자립 교회를 돕는 일들

2017년부터 어린양교회는 30개의 미자립교회를 선정하여 보장성 있는 보험을 지원하는 일을 진행하고 있다. 이 일은 평생 교회를 위해서 헌신한 교역자들에게 의료보험과 더불어 은퇴 이후에 기초적인 생활비를 확보하는 연금보험을 돕는 데에 목적을 두고 시행하게 되었다.

이 일을 위해서 2016년 몽골복음주의연맹(MEA)에 문의하여 지원 교회를 받고, 또한 어린양교회에서 추천한 교회들 중에 30개 교회의 교역자를 선발하였다. 선정 기준은 장기 목회를 하는 전임 사역자와 해외 선교사로 파송된 이들 중에서 선발하는 것으로 하였다.

이 일을 위해서 어린양교회는 개인, 가정, 구역 등이 매월 후원금을 작정하여 헌금하고 있다. 성도들이 교회에 정기적으로 하는 헌금 외에 미자립교회 교역자들을 위해 하는 이 헌금은 쉬운 일은 아니나, 하나님의 나라를 위해서 일생을 헌신한 이들을 위해 헌금하는 일을 이해하고 사역에 참여하고 있다. 2017년부터 시작한 이 사역은 2019년에도 이어져 내려오고 있다.

이 목록 중에 특이한 것은 몽골인에 의해서 해외에 파송된 선교사들 5명이 포함되어 있는 것이다. 이분들은 복음이 닫혀있는 2개국에 파송된 선교사들로, 이들의 의료지원과 연금보험을 어린양교회에서 후원하고 있다.

〈표 24〉 미자립교회 목회자 보험 지원자 목록(2017-2018)

	지역(아이막)[3]	교회가 위치한 곳
1-2	아르항가이	에르덴볼락 솜[4]
		체첼렉
3	어르헝	에르뜨네뜨 시
4	웁스	울랑곰 솜
5	훕브드	자르갈란트 솜
6-13	울란바타르	바양주룩 두렉[5]
		수흐바타르 두렉 2명
		바가노르 두렉
		칭겔테 두렉
14	홉스굴	차강 -우르 솜
15	볼강	볼강 솜
16-17	으믄고비	달랑자드갓 2명
18-19	고비-알타이	유승볼락 솜 2명
20-21	셀렝게	샤마르 솜
		바론하라 솜
22	투브	버르노르 솜
23	수흐바타르	올바양 솜
24	더른고비	생샨드
25	투브	존모드
26-27	자우항	올리아스테
		터성쳉겔 솜
28	고비숨베르	처이르
29-32	몽골인 선교사	4 명
33	바양헝거르	바양헝거르 솜
34	다르항-올	다르항시

3) 아이막은 몽골의 행정구역으로서 도에 해당한다.

4) 솜은 몽골의 행정구역으로서 한국에 군 단위에 해당한다.

5) 두렉 Dureg은 몽골의 수도인 울란바타르시의 행정구역으로서 한국의 '구'에 해당한다. 예) 동대문구

3) CMC & 어린양교회 지도자 세미나

CMC & 어린양교회가 몽골교회의 지도자들을 위한 교육프로그램은 2007년 1월부터 시작하였다.

당시 기록을 정리해 보면 아래와 같다.[6]

> **아르항가이 도 교회지도자 성경 세미나 및 목회 훈련**
>
> 아르항가이 도에 소재한 전체 교회지도자를 초청하여 성경세미나와 목회 훈련을 떠납니다.
>
> 어린양교회에서 10명이 그 외 지역에서 32명 정도가 참석합니다.
>
> 장소는 아가페 교회이고 아르항가이 도 소재지의 3 교회와 그 외 지역 3 교회가 참여합니다. 또한 아르항가이의 두 교회(영원한 구원의 별 교회, 오직 진리의 교회)와 어린양교회도 함께 참여합니다.
>
> 오늘(1월 22일) 출발하여 1월 26일(금)에 돌아옵니다. 저희 어린양교회에서 인적 지원(강사 찬양팀 준비팀)이 이루어지게 됩니다.
>
> 이 모든 일을 위해 기도해 주시기 바랍니다.

이렇게 시작된 CMC & 어린양교회의 전국적인 지도자 세미나는 매년 1회나 2회 모임을 가지고 있다.

이 일은 두 가지 목적을 가지고 있다.

하나는 교회 사역을 하는 이들이 모여서 서로 간의 연대를 도모하는 목적이 있다. 몽골에서의 목회는 목회자가 지속적으로 가난과 외로움의 도전을 받는 경우가 많다. 도시나 시골이나 기초생활에 미치지 못하는 경

6) www.mongol91.com, 선교지 소식 503 인용. 선교지 소식 502를 보면, 이때 지도자훈련을 위해서 살림교회(함준영)에서 후원을 해 주었다.

〈사진 15〉 CMC & 지도자 세미나(2018.12)

제적인 빈곤 상태에 머물러 있는 목회자가 다수다. 또한 목회자의 가정이 일반적인 사람들이 영위하는 삶을 영위하기가 쉽지 않기에 소외감을 겪고, 자신감이 없이 사역의 힘을 잃어버리는 경우가 많다.

지도자 세미나에는 몽골 전 지역에서 다양한 목회적인 경험을 가진 사람들이 모여서 서로 교제하고 목회의 경험을 나눈다. 이러한 만남과 교제를 통해서 서로 연대하면서 치유 받고, 강해질 수 있는 기회를 제공하는 것이다. 나와 같은 목회의 현장에서 같은 고민을 하는 이들이 있음을 알고 위로받고, 새 힘을 얻는 경험을 하게 된다. 결코 혼자가 아니라는 사실을 알게 하는 목적을 가지고 이 세미나는 계속되고 있다.

이 세미나의 둘째 목적은 목회에 대한 새로운 지식과 영성을 키우는 일에 있다. 전반기에는 주로 영성 함양을 위한 집회를 통해서 은혜를 받고 더불어 목회의 주제들을 나누고 서로 토론하는 모임을 중심으로 진행을 한다. 그리고 11월이나 12월에 진행하는 세미나는 신년목회세미나란 주제로 신년 목회를 준비할 수 있는 구체적인 주제를 다루게 된다. 이때 물론 집회를 통해서 영성을 키우는 일은 함께 진행한다.

그동안 CMC & 어린양교회 목회 지도자 세미나에 후원자로 강사로 섬긴 이들은 아래와 같다.

최윤수 문원모 이종선 최동근 황성호 한혜흠 김태원 김성복 이희욱 김여일 김봉춘 안심원 정홍재 이기만 김종진 어뜨겅자르갈 찬차돌람 바트톨가 오랑치멕

지도자 세미나로 모인 지역은 아르항가이 체첼렉 / 으블항가기 아르바이헤르 / 칭기스 운드르항 / 으블항가이 아르바이헤르 / 울란바타르

아래는 2018년도에 진행된 CMC & 어린양교회 교회 지도자 세미나의 일정을 소개해 보도록 하겠다.

· CMC 교회지도자 세미나 일정

언제: 2018. 12. 10-12

어디서: 베데스다 수양관

참석인원: 30개 교회 51명의 목회자

주강사: 김성복(꽃재감리교회 담임목사)

김종진 선교사, 어뜨겅자르갈 목사, 꽃재교회 교인 2인

〈표 25〉 CMC 세미나 일정표(2018.12.10-12)

<table>
<tr><th></th><th>10일</th><th>11일</th><th>12일</th></tr>
<tr><td>8:00-9:00</td><td></td><td colspan="2">아침식사</td></tr>
<tr><td>9:00-10:00</td><td rowspan="6">접수 및 방배정</td><td>적용: 교회 자립에 대해서
TS, 어뜨경자르갈목사</td><td>간증 2인
꽃재교회</td></tr>
<tr><td>10:30-12:00</td><td>강의 -1
김성복 목사</td><td>폐회예배
김성복목사</td></tr>
<tr><td>12:00-14:00</td><td colspan="2">점심식사</td></tr>
<tr><td>14:00-15:00</td><td>강의 2. '신년목회계획'
-김종진 선교사</td><td rowspan="5">사역지로!</td></tr>
<tr><td>15:30-17:00</td><td>적용: 교회의 비전과 문제들에 대해 대화하기</td></tr>
<tr><td>17:00-18:30</td><td colspan="2">저녁식사</td></tr>
<tr><td>19:00-20:30</td><td colspan="2">김성복 목사</td></tr>
<tr><td>20:30-21:30</td><td colspan="2">교회 지도자들의 시간</td></tr>
</table>

〈표 26〉 세미나 참가교회들(2018.12)

<table>
<tr><th>No.</th><th>도</th><th>교회 이름</th></tr>
<tr><td rowspan="4">1-4</td><td rowspan="4">헨티</td><td>아고 운드르 에젱</td></tr>
<tr><td>뭉힝게렐</td></tr>
<tr><td>친 우넹</td></tr>
<tr><td>하나님의 참된 사랑</td></tr>
<tr><td>5.</td><td rowspan="2">바론하라</td><td rowspan="2">해링걸 2명</td></tr>
<tr><td>6.</td></tr>
<tr><td rowspan="2">7-8</td><td rowspan="2">아르항가이</td><td>나자르</td></tr>
<tr><td>일칠렐트 해르</td></tr>
<tr><td>9-10</td><td>더른고비</td><td>생샨드 2명</td></tr>
<tr><td>11-12</td><td>다르항</td><td>세르겡 만달링 후치 2명</td></tr>
<tr><td>13</td><td rowspan="2">웁스</td><td rowspan="2">웁스교회 2명</td></tr>
<tr><td>14</td></tr>
<tr><td>15</td><td>후브드</td><td>후브드</td></tr>
<tr><td>16-17</td><td>고비-알타이</td><td>알타이 2명</td></tr>
<tr><td>18</td><td>투브-버르노르</td><td>우넹치 게렐</td></tr>
<tr><td>19</td><td>투브</td><td>이트겔링 이흘렐</td></tr>
</table>

20	으블항가이	중바양올랑 어린양
21-23	자우항	터성쳉겔 3명
24-26	수흐바타르	수흐바타르
		바양올솜
		투뭉척트-하나님 나라
27-28	처이르	크리스틴 처이르
		크리스틴
29	더르너드	이트겔링 잠
30-33	으븐고비	으븐고비-아미드우그 4명
34-38	바가노르	바가노르 아미드우그 5명
39-41	울란바타르	텡게링구르 3명
42-44		하나님의 어린양 3명
45-46		에즈니 호락
47		아리옹 셀리트
48		Тэнгэрийн Гүүр
49-51		크리스틴 우그 3명

5. 어린양교회의 해외선교

뉴비긴은 선교를 교회의 본질적 요소로 보고 있다. 그는 교회의 존재 이유가 그리스도의 초림으로 시작되어 그분의 재림 때 완성될 그 구원과 관련이 있다고 본다. 그러므로 구원의 완성이 세상과 관련되어 있으므로, 교회가 존재할 수 있는 것은 그리스도의 구원을 짊어지고 온 세상으로 나가는 행위를 통해서 가능하다.[7)]

어린양교회의 설립 목적 중 하나가 하나님 나라의 확장이다. 그러므로 교회는 이 일을 성취하기 위해서 초기부터 국내 선교와 국외 선교를 위한 노력을 해오고 있다.

어린양교회의 해외 선교는 2006년부터 시작되었다. C국 서북쪽의 위

7) New Bigin, 174.

치한 'O' 시의 데드 몽골족 청년 둘을 초청하여 후레대학교에 입학을 시켜서 학업을 지원하는 일을 하였다(후에 국립사범대학교로 전학하여 졸업). 이들은 어린양교회에서 세례를 받고, 출석 교인으로 학업을 마치고 고향으로 돌아갔다.

1) 선교 교육

어린양교회는 설립 초기부터 몽골인에 의한 해외선교를 계획하고 준비하고 있었다. 그러므로 교인들뿐 아니라, 현지 교회지도자들을 선교 동력화시키는 일에 관심을 가지고 설교나 강의를 통해서 선교 교육을 진행하였다. 어린양교회는 이런 목적으로 '어린양 선교학교'를 2회 진행하였다.

아래는 1회 때의 '어린양 선교학교'의 내용을 정리해 보았다.

· 제1기 어린양 선교학교[8)]

몽골은 이제 받는 나라에서 주는 나라로 변화되고 있습니다. 물론 선교에 있어서도 이미 아프가니스탄 티벳 러시아와 중국의 여러 곳에 선교사를 보내는 나라가 되었습니다. 이제 몽골족 선교는 몽골족에 의해서 보다 적극적으로 이뤄져야 합니다. 이에 어린양교회는 이때를 준비하기 위해서 몽골 교회지도자들을 위한 '선교학교'를 마련하였습니다. 바라건대, 수많은 일꾼이 '추수의 현장으로 줄지어 달려나가는 꿈'이 성취되는 때를 대망하며…

2012년 원단에 김종진 선교사

---

8) www.mongol91.com, 선교지소식 746번, 전체인용.

장소: 어린양교회 1층 도서관

회비: 5,000₮(식사비용포함)

언제: 2012.01.10~12, am 10:00~pm 8:00

〈강사진〉

연경남 총신대학교 Th .D.

김동진 어르흥 대학교 교수

천강민 안디옥 교회 / 몽골 GMS 선교부 회장

김용식 몽골 침례교신학교 회장

조현주 전 몽골 지구촌나눔운동 소장 /
현 한국 지구촌나눔운동 사무총장

김석환 주님의 심장교회 / MTEC 신학교 교수

김봉춘 몽골 한인선교사회 회장 / UBTC 교수

현수돈 알타이선교회 몽골지부장

이대학 몽골미션네트워크 대표

김창식 준살라교회/몽골 감리교 선교사회 회장

김종진 CMC & 어린양교회 / 레베카미션 대표

〈시간표〉

	10일(화)	11일(수)	12일(목)
10:00~12:00	선교의 성경적 기초 –연경남	선교와 지역개발 –조현주	전문인 선교 –현수돈
12:00~12:40	점심식사		
12:40~2:40	선교역사 –김동진	선교와 문화 –김봉춘	디아스포라 몽골 선교 –이대학
3:00~5:00	선교사의 영성 –천강민	선교와 제자 –김석환	선교사의 소명과 준비 –김창식
5:00~5:40	저녁식사		
6:00~8:00	영적전쟁 –김용식	선교영성집회 –김종진	

· 제1기 미션스쿨 정리[9)]

제1회 어린양 선교학교가 은혜 가운데 마쳤습니다. 9개 교회 35명이 참여하여 25명이 수료하였습니다. 11명의 강사님들이 12개 선교학 분야의 강의를 해 주셨습니다. 아침 10시부터 저녁 9시까지 3일 동안 진행된 선교학교에 모두가 열심으로 참여하였고, 저도 매시간마다 많이 배우고 은혜를 받았습니다. 저는 이 학교의 교장으로 두 번 저녁 선교집회를 인도하였습니다.

주제: '몽골족 선교는 몽골인의 손으로'

일시: 2012년 1월 10일~12일

장소: 어린양교회

주관: CMC & 어린양교회

후원: 몽골미션 / 송천교회 / CMC

9) www.mongol91.com, 자료실 147번, 전체인용.

수료자: 25명 / 참석인원: 35명(9개 교회)

Sh. 바트톨가 / G. 바트톨가 / 산자 / 뭉흐바야스갈랑 / 다와후 / 오랑거 / 바상다그나 / 철멍 / 엥흐바야르 / 바트쳉겔 / 절자야 / 다와도르즈 / 토야 / 바트저릭 / 양질함 / 보양덜거르 / 보이나 / 찬차돌람 / 오랑치멕 / 다슈돌람 / 어트겅자르갈 / 수흐바트 / 나랑자르갈 / 장희수 / 김수연 /

참가교회: 어린양 / 이웰링후레 / 생명의 강 / 신게를 텡게링 한츨를 / 오직진리교회 / 중바양올랑 어린양교회 / 일칠릉트 하이르 교회 / 이웰링소웍교회 / 바트칭겔 교회

〈수입내역〉 1,625,000원

몽골미션	1,000,000원	송천교회	500,000원
어린양교회	100,000원	기타	25,000원

〈지출내역〉 1,6224,000원

	항목	재정	참고
1	강사비 강사식사	500,000₮120,000₮	(10명 * 50,000₮)
2	통역비	300,000₮	교안번역 / 통역비용
3	식사비	636,000₮	35명 * 6끼(한끼 2,700₮)
4	간식비	120,000₮	
5	교통비지원	175,000₮	시골교회지도자 7명
6	현수막,사진, 수료증	47,000₮	
7	준비비	130,000₮	일꾼들 식사 및
합계			2,028,000₮

위와 같이 제1회 어린양 미션스쿨에 대해서 정리해서 보고합니다.

2012-01-14 김종진

2) 선교사 파송 및 후원

또한 C국 'Ch'시에 선교단체에서 파송된 몽골 가정을 2008년부터 8년 정도 협력 후원을 하였다. 이 가정이 무사히 사역을 마치고 몽골에 귀환할 때까지 후원교회로서 그 임무를 다하였다. 그리고 2014년부터 대표적인 미전도종족이며 복음의 불모지인 북한선교를 위해 파송된 몽골 사역자를 돕고 있다.

또한 2017년부터는 C국에 선교단체와 협력하여 D 선교사를 파송하여 후원을 하고 있다. D 선교사는 어린양교회에서 세례를 받은 교인으로서 MTBC 성경학교에 재학중에 있으며, 선교단체에 소속되어 훈련을 받은 자매로서 파송된 지역에서 몽골족들을 위한 신앙교육을 진행하고 있다. 2019년 3월 어린양교회 어뜨겅 자르갈 목사와 2명의 청년이 이 지역에 파송하여 소그룹으로 모이는 신자들에게 복음을 전하고 격려하고 돌아오는 일을 하였다.

그리고 어린양교회는 2018년도부터 필리핀 현지 교회의 청년지도자를 위한 장학금 지원을 진행하고 있다. 해외 선교지 장학금 지원은 해외 선교지 교회의 청년을 추천받아서 4년 기간으로 매월 장학금을 후원하고 있다.

3) 타타르 종족을 위한 선교사 파송

어린양교회는 2021년에 러시아에 있는 타타르 종족을 위한 선교사를 파송하기 위해 일꾼을 양성하고 있다. 현재 타타르 부족을 위해서 자신을 헌신한 Ch 전도사는 현재 성경학교에 재학중에 있고, 1년에 한 차례 이

지역을 방문하여 지역 조사를 하고 있다.

타타르 종족은 몽골 민족의 영웅인 칭기스칸의 아버지를 독살한 부족으로 알려진 종족이다. 이 일로 인해 몽골 본토에 있던 타타르족은 수백년 동안 몽골족으로부터 큰 핍박을 받아 몽골 본토에서 밀려나서 현재 러시아의 변방에서 그 명맥을 유지하고 있다. 몽골인들에게는 원수로 기억되는 타타르 종족에게 사랑의 복음을 전하고자 하는 이 일에 어린양교회가 함께 하게 될 것이다.

6. 어린양교회 찬양 사역

어린양교회는 개척 초기부터 하나님께서 찬양의 은사를 통해서 많은 역사를 이루어 주셨다. 장희수 선교사의 은사가 통로가 되어 온 교회 안에 많은 찬양 지도자들이 양육되고 길러지게 되었다. 이렇게 준비된 청년들은 예배 중에 찬양으로, 악기 연주로 봉사하였고, 또한 국내 전도 활동에 찬양을 활용하여 섬기는 일을 하였다.

1) 어린양 찬양단 한국공연 - 4차례

2003년 8월에 개척된 어린양교회는 2015년 5월에 첫 번째 한국공연을 시작으로 2018년까지 4차례 한국공연을 다녀왔다.

공연의 목적은 '받은 은혜를 나누자'라는 것이었다. 한국 교회의 헌신과 기도로 설립되어 자라난 몽골교회가 하나님으로부터 받은 귀한 은혜를 한국 교회에 나누고, 또한 건강하게 자라나는 선교지 교회의 모습을 보여주어 선교하는 한국 교회에 큰 보람과 기쁨을 주고자 하는 것이 목적이었다.

〈그림 16〉 어린양찬양단(2018.10)

아래는 4차례 한국공연의 기간과 공연 일정을 정리해 보았다. 다양한 기관에서 초청을 받아서 공연하였는데, 무엇보다도 의미가 있었던 것은 매번 한국에 거주하고 있는 몽골인들을 초청하여 공연할 수 있는 기회가 주어졌던 것이었다. 고국에서 온 청년들의 찬양과 고향의 노래를 들으면서 감동하고 기뻐하고 눈물 흘리는 모습을 보면서 큰 보람을 느낄 수 있었다.

<표 27> 찬양단 한국공연 일정

	기간	공연 교회 및 기관
1차	2005. 5. 2 – 19	보훈병원 창천교회 평화교회 대원교회 송천교회 삼청교회 금란교회 매향여고 수원시온교회 홍천탱크부대 안산몽골인쉘터 종교교회 열림교회 성일교회 협성신학대학교 용유중앙교회
2차	2009. 11.10–26	은현교회 종교직장인예배 CBS 협성대학교 송천교회 은평천사원 우촌교회 종교교회 자교교회 감신대 정동제일교회 충주남부교회 은제교회 열림교회 삼청교회 수원평화교회 동탄교회 사랑밭재활원
3차	2011. 6. 10–27	은평교회 동성교회 청학교회 평화교회 성광교회 청량리교회 열림교회 송천교회 백두산부대 목양교회 종교교회 월곡교회 몽골인 연합찬양제(종교교회)
4차	2018. 10.16 –11.2	순천금당남부교회 순천매산고 순천매산여고 광양제일교회 기린대교회 열림교회 삼청교회 종교교회 덕신고등학교 부산온누리교회 꽃재교회 수원평화교회 동탄시온교회 동탄교회

2) 찬양아카데미

어린양교회는 2017년부터 시골지역의 교회들을 중심으로 찬양지도자를 양성하는 찬양아카데미를 시작하였다. 1년에 2차례, 1월과 6월에 교회들을 초청하여 1주일 동안 숙박을 하면서 진행하는 이 찬양아카데미에 참여하는 교회들이 늘어나고 있다.

2018년 6월까지 3회째 진행하고 있는데, 이제는 시골뿐 아니라, 도시안에서도 악기를 배워 예배를 돕기 위해 참석하는 교회들이 생겨나고 있다.

찬양아카데미를 시작하게 된 가장 큰 동기는 작은 규모의 교회들이 예배 중에 찬양을 돕는 악기를 연주할 사람을 준비시키는 것이다. 시골교회나 인원이 적은 교회들은 인적자원이 부족하기 때문에 찬양을 위해 악기를 연주할 사람이 부족한 것이 현실이다. 그러므로 이러한 교회들의 요구를 충족시켜주기 위해서 찬양아카데미를 시작하게 되었다. 낮에는 악기별로 나눠 배우는 시간을 갖고, 저녁에는 예배를 드리고, 서로 교제하고, 각 교회의 상황을 나누고, 간증을 통해서 은혜를 나누는 일들을 하고 있다.

〈사진 17〉 찬양아카데미(2017.6)

교사들은 어린양교회 청년들이 맡아 수고해 주었다.

가르치는 악기는 기타 베이스 드럼 피아노 그리고 찬양과목이다.

〈표 28〉 찬양학교 참가 교회 및 인원 목록(2017-2019)

일시	참가교회수	참석인원	찬양학교 교사
2017. 07.17 - 21	9 교회	44	어린양교회 교사들 봉사: 성도들 (식사 및 기타 도움)
2018. 01.08 - 12	14 교회	61	
2018. 06.18 - 22	16 교회	93	
2019. 01.07 - 11	17 교회	87	

제8장

결 론

어린양교회는 2003년 8월에 개척된 교회로서 15년 4개월 정도의 짧은 역사를 가지고 있다(2018년 12월 기준). 단계에 따라 차분하게 성장해 나가고 있지만, 아직 과정 중에 있는 교회이다. 부족한 부분도 많고, 잘하고 있는 부분도 있지만, 아직 걸음마 수준에서 성경적인 성장을 위해 노력하고 있다.

특별히 현지인 지도력을 양성하여 몽골인의 교회가 되며 몽골 국내 선교와 해외에 흩어져 있는 몽골족 선교를 책임지는 교회로 성장하여 복음의 책임을 감당하는 교회가 되기를 바라고 있다. 이런 목적에 따라 모든 몽골 사역자들이 최선을 다해 각 분야에서 현지인들의 지도력을 양성하는 일에 힘쓰고 있다. 또한 교회를 설립한 선교사로서 몽골인들에게 지도력을 위임하고 있다.

2014년 8월에 그동안 나와 함께 동역해 왔던 어뜨겅 자르갈 전도사의 목사 임직이 있었다. 어뜨겅 자르갈 목사는 현재 교회의 전반적인 부분에서 지도력을 발휘하고 있다. 행정 부분과 설교 사역 그리고 교육 분야 전체에서 그는 좋은 지도자로 교회를 섬기고 있고, 그와 함께 동역하는 좋은 몽골인 지도자들이 각 부서에서 충성 되이 헌신하고 있다.

한국 교회가 파송한 선교사를 통해서 개척되어 선교사 주도 시기를 거쳐오면서, 현지 지도자들 집중적으로 양성하여 교회 안에서 지도력을 발휘할 수 있도록 하였다. 이러한 훈련과 위임은 자치 시기로 넘어갈 수 있는 필수적인 과정이다. 이 과정을 통해서 토착교회가 자생할 수 있는 자립 교회로 자리를 잡을 수 있게 된다.

어린양교회는 지난 15년 동안 지도력의 양성, 그리고 자치 능력의 배양 그리고 자립을 이룰 수 있는 토대를 만들어 왔다. 이것은 재정의 자립과 더불어 사역을 독자적으로 이끌어나갈 수 있는 창조적인 능력을 길렀기 때문에 가능하였다. 또한 몽골 국내 선교와 해외선교를 위해서 인적자원과 물적 자원을 스스로 마련하여 진행하는 자립성을 갖추게 된 일도 노력을 기울인 결과라고 본다.

1. 요약

제1장에서는 서론으로 본 논문을 쓰게 된 목적과 배경에 대해 언급하고 연구의 방법과 범위를 제시하였다. 그리고 본 연구의 배경이 된 몽골 하나님의 어린양교회를 소개하고 간략한 역사를 언급함으로 이 논문을 이해하기 위해 기초적인 배경을 소개하였다.

제2장에서는 몽골 현대 선교역사에 대해서 다루었다. 토착교회인 어린양교회가 개척된 토양을 이해하기 위한 역사적인 차원을 다루었다. 토착교회가 뿌리내리고 있는 토양에 대한 이해가 필요하다. 그래서 현대 몽골 선교 개관을 다루며 몽골의 선교 시기 구분을 다루었다. 무엇보다도 시기 구분을 지도력의 이양과 위임의 차원에서 분석해보았다. 이런 분석

을 통해서 몽골의 현대 선교가 어떤 과정을 통해서 지금까지 왔고 어떤 방향으로 가는가를 전망해 볼 수 있었다. 그리고 나아가서 몽골에서 교회개척 사역에 대한 일반적인 자료를 정리해 보았다.

제3장에서는 토착교회인 어린양교회가 개척되기 위해 어떤 사전 준비의 과정이 있었는가를 언급하였다. 그리고 어린양교회가 어떤 목적과 목표를 가지고 준비되었는지를 정리해 보았다. 그리고 어린양교회가 개척된 곳이 몽골의 수도인 울란바타르 지역이기 때문에 교회개척이 도시선교와 연관된 부분이 있기 때문에 도시선교에 대해서 다루었다.

특히 도시선교가 복음전파에 어떤 의미가 있는가를 언급하였고, 롤랜드 알렌이 그의 저서에서 정리해 놓은 사도 바울의 도시선교 특성에 대해서 언급하였다. 사도 바울의 도시선교 특성은 행정 구역의 중심지, 문명의 중심지, 유대인의 중심지, 그리고 상업의 중심지에 교회를 설립하였다고 알렌은 언급하였다. 나아가서 도시선교의 다양한 방법들에 대해서 정리하였다.

제4장에서는 하나님의 어린양교회의 개척 과정에 대해서 상세하게 다루었다. 이 부분은 선교사가 교회개척을 위해서 시도하고 주도했던 것들에 대해서 정리한 것이다. 교회 설립을 위한 선택들에서는 족속 선정, 이동 인구, 지역 인구, 교통, 학교들이 많은 지역을 고려해서 선택하였다. 또한 교회개척 초기에 원리를 몇 가지 정했는데, 국내와 해외 선교를 꿈꾸는 교회, 몽골인 지도력 양성, 현지인에게 이양, 성령님께 열린 자세를 들 수 있다.

교회개척의 방법론으로 고려한 것은 도시선교와 단기팀의 활용, 그리고 필요를 채우는 접촉점을 활용하고, 전도 중심의 회심 성장을 도모한 것이다. 그리고 현재의 교회 모습을 정리했다. 정기 모임에 대한 자료와 더불어 출석 인원에 대해 분석을 하였다. 그리고 교회의 조직과 교육프로그램을 언급했는데, 소그룹과 더불어 세례교육에 대해서도 함께 다루었다.

제5장에서는 토착교회의 개척할 때에 염두에 둔 선교신학적인 배경을 다루었다. 하나님의 어린양교회의 개척과 자라나는 과정을 분석할 수 있는 두 가지 이론적인 바탕은 네비우스의 토착교회 이론과 맥가브란의 토착교회의 원리임을 밝히고 있다.

자치 자전 자립으로 대표되는 네비우스 선교전략은 옛 방식과 새 방식으로 선교를 비교하는데, 옛 방식은 유급 사역자에 의존하고 새 방식(네비우스 방법)은 유급 현지인 매개자의 가치를 덜 인정하며 그들의 수를 최소화하고자 한다. 그리고 독립과 자기 의존의 원리를 아예 처음부터 적용할 때 독립적이고 자립적인 토착교회가 생겨날 수 있다고 보고 있다. 또한 네비우스는 어떻게 새신자를 다룰 것인가? 하는 문제에 대해서 답변하고 있는데, 네비우스는 신앙인이 변화 받은 그곳 '부름 받은 곳에 머무르게 하라'는 중요한 지침을 주장하였다.

맥가브란의 토착교회의 원리는 동종집단의 원리와 하나님의 선교전략으로서 족속운동을 통해서 자세히 설명할 수 있다. 동종집단의 원리란 사람들이 가장 빠르게 기독교인이 되는 것은 자신의 인종과 종족의 삶이 가장 적게 변화될 때이다. 자신들의 삶의 장벽을 넘어가지 않고 기독교인이 되기를 그들은 원한다. 그러므로 교회 성장에 있어서 같은 종족과 같은 언어를 사용하는 그룹에 집중해야 한다. 그러므로 같은 종류의 배경은 모든 나라들에서 교회성장에 영향을 줄 수 있다고 맥가브란은 주장하고 있다.

또한 그의 새로운 선교이론인 족속운동은 종래의 선교기지 중심의 선교에서 교회 중심의 선교로 전환되어야 한다는 주장이다. 즉 선교란 교회 개척과 교회성장을 병행하는 전략에 더해서 개개인의 개종이 아니라 집단적인 전체의 개종을 통한 기독교화를 이룩하는 것이다. 즉 하나님의 다리들 즉 곧 사람들을 연결하는 혈연과 지연 등의 연줄들을 통해 개인이 아니라, 그 개인이 속해 있는 집단 전체를 한꺼번에 개종시키는 족속운동들이 하나님의 선교전략이다.

제6장에서는 토착교회의 자치 시기와 출구전략에 대해서 다루었다. 이 시기에 토착교회가 어떻게 하여 현지 지도자들의 지도력을 양성하고, 어떻게 지도력을 위임하여 나갔는지를 사역을 중심으로 정리하였다.

어린양교회는 개척 이후부터 협력 사역을 중심으로 성장해 왔는데, 이 부분은 선교사들과의 동역과 더불어 현지 사역자들과의 협력을 들 수 있다. 또한 어린양교회는 지역사회를 위한 섬김의 사역을 진행해 왔는데, 빈민 아동 교육기관인 사랑의 학교와 가난한 가정돕기 그리고 의료와 결혼식을 통한 지역민들을 섬기는 일이었다. 나아가서 어린양교회는 개척 초기부터 협력모델로서 단기팀과의 협력을 통해서 성장해 왔다. 이 부분에서는 단기팀과 어떻게 사역을 만들어가고 협력해 왔는지에 대한 자세한 자료들이 언급되었다.

그리고 토착교회의 이양과 출구전략을 소개하였다. 지도자를 개발하고 양육하는 과정이 있을 때에야 이양이 가능하고, 또한 이에 머물지 않고 재정의 독립과 지도력이 성장할 때, 이양이 가능할 수 있다. 이것이 됐을 때, 선교사의 출구전략이 완성될 수 있다.

제7장에서는 토착교회의 자치 시기에서 자립 시기로 넘어가는 과정을 사역 별로 정리하였다. 이 시기는 2014년부터 2018년에 해당되는 시기이다. 본격적으로 현지 지도력에게 사역이 위임되고, 그동안 양성되었

던 사역자들과 자원봉사자들을 통해서 교회의 행정, 예배, 재정, 봉사, 국내 선교와 해외선교에 이르기까지 활발하게 진행되는 시기이다.

이 자립의 시기에 어린양교회는 복음의 빚진 자 자의 입장에서 복음의 빚을 갚는 일들을 진행하였다. 그래서 몽골 국내와 국외에 전도팀을 파송하고, 해외 선교사를 지원하는 일들을 진행하였고, 무엇보다도 미자립 몽골교회들의 사역자들을 돕는 일과 교회의 지도자들을 교육하고 연대하는 일들을 계획하여 진행하고 있다.

미전도종족에 복음의 씨가 뿌려져서 뿌리를 내리고 싹을 틔워 꽃을 피우고 열매를 맺게 되는 것은 인내와 전략과 성령의 도우심이 필요한 오랜 과정이다.

2. 제언

몽골 하나님의 어린양교회가 개척된 지 15년이 지났다. 교회가 개척되고 성장하면서 이양과 출구전략을 염두에 두었지만, 이 일에 대해서는 실질적인 모델을 찾기가 쉽지 않았다. 물론 몇 권의 책이나 강의가 도움이 되었지만, 사실 15년 정도의 교회들 중에서 실질적인 모델을 찾기는 쉽지 않았다.

그래서 이 책을 마치면서 선교지 토착교회 개척을 위한 몇 가지 제언을 한다.

첫째 선교지 교회 설립과 이양과 출구전략에 관한 계획을 선교사와 파송교회(기관)의 협의된 로드맵을 만들 필요가 있다. 이것에 관한 연구가 필요하다고 본다.

둘째, 이양과 출구전략의 계획을 세우고 이 절차를 잘 수행해 나간 교회나 선교 기관에 관한 연구가 필요하다. 이러한 연구와 자료들이 앞으로 한국 교회 선교의 입구 전략과 출구전략을 세우는 데 큰 도움이 되리라 본다. 이양에 있어서 세 가지 면을 고려해야 하는데 지도력의 자립과 자치, 그리고 재정의 자립과 더불어 형성된 선교지의 유무형의 재산과 사역들을 스스로 이끌어나갈 능력이 있는가이다.

선교지 교회나 기관들의 이양 자체가 목표가 되어서 준비가 안 된 이양을 하게 될 때, 그동안에 이루어놓은 기초까지 허사로 돌아가는 것을 자주 보았다.

셋째, 이양을 통해서 출구전략이 완성된 이후에 선교사는 무엇을 해야 하는가? 에 대한 연구와 제안이 있어야 한다고 본다. 이양과 출구전략에 관한 많은 연구가 나오고 있지만, 이렇게 해서 양산된 선교사들이 무엇을 해야 하고, 어디로 가야 하는가에 대한 원칙들을 세우는 일에 연구가 필요하다고 본다.

부 록

photo by jongjinkim

I. 설교

1. 창립 10주년 주일예배 설교

제목: 하나님의 어린양교회는?

2013년 8월 17일 / 김종진 선교사

"나 여호와가 이같이 말하노라 너희가 가리켜 말하기를 황폐하여 사람도 없고 짐승도 없다 하던 여기 곧 황폐하여 사람도 없고 주민도 없고 짐승도 없던 유다 성읍들과 예루살렘 거리에서 즐거워하는 소리, 기뻐하는 소리, 신랑의 소리, 신부의 소리와 및 만군의 여호와께 감사하라, 여호와는 선하시니 그 인자하심이 영원하다"(렘 33:10)

어린양교회 창립 10주년이 되었습니다. 2003년 8월 17일에 이 자리에서 교회가 시작되었습니다. 그 당시 이곳은 오늘 성경의 말씀처럼 황폐한 땅이었고, 주민도 없고 짐승도 없던 땅과 같이 버려진 땅과 같았습니다. 이런 이곳에 교회가 세워지고, 이곳에서 날마다 즐거워하는 소리 기뻐하는 소리 신랑의 소리 신부의 소리로 가득 찬 복된 땅이 되었습니다. 교회 마당과 건물 안에 늘 어린아이들이 뛰어다니는 소리 청년들의 찬양소리가 끊이지 않는 교회가 되었습니다.

지난 10년 동안 우리 교회의 표어라고 한다면 딱 2가지입니다. 하나는 '죽지는 않는다'라고 두 번째는 '하나님께서 하신다.'입니다. 10년 동안 어떤 일을 할 수 있을까? 하나님께서 지난 10년 동안 참으로 놀라운 일들을 하셨습니다. 그 증거가 여러분과 저입니다. 이곳에 하나님의 어린양교회를 세우시고, 이 교회를 통해서 몽골 국내 선교와 국외 선교를 감당케 하시고, 지역사회를 위해서 봉사케 하시고, 인재들을 양성하는 일을 하도록 하셨습니다. 어린양교회는 …

1) 순교자의 토대 위에 세워진 교회입니다.

이 교회가 세워지게 된 것은 한 한국 청년의 죽음으로부터 시작되었습니다. 2000년 7월 11일에 아르바이헤르의 영원한 구원의 별 교회 지붕 수리를 하던 한 청년을 하나님께서 불러 가셨습니다. 그리고 그 청년의 육신을 울란바타르 이흐나랑[1] 묘역에 한 알의 밀알처럼 묻었습니다. 그리고 송천교회는 김종진 선교사 가정을 2002년에 몽골로 파송하게 되었고, 김종진 / 장희수 선교사는 2003년 10년 전 오늘 이 교회를 설립하였습니다.

이렇게 시작된 교회였기에 이 교회 밑에는 순교의 정신이 이 있습니다. 그러므로 우리는 고난과 역경 눈물과 땀을 흘릴 준비가 되어 있습니다.

"내가 진실로 너희에게 이르노니 한 알의 밀이 땅에 떨어져 죽지 아니하면 한 알 그대로 있고 죽으면 많은 열매를 맺느니라"(요 12:24)

2) 함께 세워진 교회입니다.

어린양교회는 2003년 8월 초에 한국에서 동탄시온교회와 삼청교회의 단기팀을 통해서 지역사회의 아동들을 중심으로 한 사역을 시작함으

1) 큰 태양이란 뜻.

로 교회가 시작되었습니다. 그리고 8월 17일 주일 정식으로 예배를 시작하였고, 2004년 1월에 종교교회 단기팀 의료, 미용, 컴퓨터 등 40여 명이 방문하여 교회의 이름을 지역공동체에 알리게 되었습니다. 이후 한국과 미국의 수많은 교회들이 단기팀들을 파송하여 이 교회를 통해서 교회들과 지역을 섬기는 일들을 해 주셨습니다.

어린양교회는 홀로 이렇게 10년의 세월을 지내온 것이 아닙니다. 수많은 한국 교회의 기도와 협력과 도움으로 자라날 수 있었습니다. 사랑으로 섬겨주신 한국 교회에 감사드립니다.

3) 많은 무명의 영웅들이 있는 교회입니다.

"무명한 자 같으나 유명한 자요 …" (고후 6:9)

"이러므로 우리에게 구름 같이 둘러싼 허다한 증인들이 있으니 …"(히 12:1)

우리 교회는 지난 10년 동안 수많은 선교사님들과 일꾼들이 와서 섬겨주셨습니다. 그리고 이러한 본을 받아서 자라난 우리 교회는 예수님의 몸 된 교회를 위해 날마다 자기를 헌신하는 수많은 일꾼들이 있는 교회가 되었습니다.

그들은 대부분 무명한 자처럼 자기를 그리스도의 이름 뒤에 감추고 열심히 교회를 위해 하나님의 사명을 위해 일하고 떠나갔습니다. 이 교회가 있기까지 이분들의 헌신과 수고가 있었습니다. 그들의 향기 나는 제물이 하나님께 올라가고 있습니다.

4) 모이고 흩어지는 하나님의 교회 본연의 사명을 감당하는 교회가 될 것입니다.

15 또 가라사대 너희는 온 천하에 다니며 만민에게 복음을 전파하라 … 20 제자들이 나가 두루 전파할새 주께서 함께 역사하사 그 따르는 표적으로 말씀을 확실히 증거하시니라(막 16).

주의 복음을 위해 언젠가 우리가 모두 다 흩어져가고, 또한 이들을 위해서 기도하고 후원하는 어머니 같은 교회가 되는 것이 우리 교회의 바라는 바입니다.

우리 교회는 흩어지기 위해서 모이는 교회의 꿈을 이루게 될 것입니다. 이 일을 위해서 사람들을 기르고 파송하는 일을 진행하고 있습니다. 모두가 복음을 듣고, 땅끝까지 다 흩어져서 이 교회가 텅 비게 될 날이 이르게 되면, 이 꿈이 이루어지게 될 것입니다.

한국의 속담 중에 속옷을 팔아서라도 자식을 공부시킨다는 말이 있습니다. 어린양교회는 이 교회의 땅과 건물 모든 것을 팔아서라도 주님의 이름이 땅끝까지 퍼지는 일에 헌신할 준비가 되어 있습니다. 우리가 받았던 그 복음의 빚을 갚는 일에 앞장서 나가는 교회가 될 것입니다.

감사합니다.

2. 창립 15주년 주일예배 설교

제목: 하나님의 어린양이로다

2018년 8월 12일 / 김종진 선교사

"이튿날 요한이 예수께서 자기에게 나아오심을 보고 이르되 보라 세상 죄를 지고 가는 하나님의 어린 양이로다"(요 1:29)

우선 이 교회를 세워 주시고 지금껏 인도해 주신 하나님께 감사드립니다. 또한 이 교회가 세워질 수 있도록 선교사를 보내주시고, 개척을 위해서 헌금해 주신 송천교회에 감사를 드립니다. 또한 저의 2기 사역을 위해 파송해 주시고, 지금까지 몽골 선교를 위해서 후원을 아끼지 않은 종교교회에 감사를 드립니다. 나아가서 지난 15년 동안, 이 교회에 파송되어 헌신해 주신 수많은 선교사님들과 한국에서 미국에서 귀한 단기팀을 보내주셔서, 눈물과 헌신의 씨앗을 뿌려 주신 교회들에 감사를 드립니다.

우리 교회는 지난 15년 동안 250명이 넘는 세례인들이 생겨났고, 이들이 한국으로 지방으로 또한 선교단체와 다른 교회들로 흩어져 일꾼으로 섬기고 있습니다. 그리고 남아 있는 이들은 교회와 사회 구석구석에서 자신을 섬기는 일꾼으로 헌신하는 이들로 성장하고 있습니다.

오늘 본문 말씀을 몽골어로 한국어로 읽은 '아노징'[2]은 우리 교회가 창립되고, 첫 번째 교회 커플로 태어난 아이입니다. 우리 교회의 첫 번째 열매인 아노징이 말씀을 읽은 것은 참 의미가 있는데 그것은 첫 열매도

2) 부부 집사인 투르뭉흐, 강톡스의 큰 딸이다.

하나님께 드린다는 우리 교회의 아름다운 헌신의 표현입니다.

지난 15년 동안 우리 교회에 처음부터 함께 해 온 말씀 3가지를 함께 나누도록 하겠습니다.

1) "이튿날 요한이 예수께서 자기에게 나아오심을 보고 이르되 보라 세상 죄를 지고 가는 하나님의 어린 양이로다"(요 1:29)

몽골인과 유대인은 많은 부분에서 공통점이 있고, 차이점이 있습니다. 양고기를 먹고 양을 통해서 생존을 유지해 온 것은 너무나도 같습니다. 아브라함과 예수님의 몸에서도 양고기의 맛있는 향기가 있는 것처럼 몽골인들 삶 속에 양고기의 향이 곳곳에 배어 있습니다.

차이점은 유대인들은 양을 볼 때, 기본적으로 육신의 고기로 보기도 하지만, 자신들의 죄를 대신 짊어지고 대신 죽는 유월절 양을 생각한다는 것입니다. 특별히 1년 된 양은 이스라엘 백성들의 죄 때문에 몸이 찢기고 피 흘려 죽는 희생양을 상징합니다. 그리고 그들은 이 양의 고기를 먹고, 그 피는 자신들의 집의 대문 설주와 인방에 발라서 죽음의 심판이 넘어가는 것을 체험하였습니다.

어린양교회는 바로 이 유월절 어린양으로 오신 예수그리스도를 믿음으로 우리가 죄 용서함 받고 사망과 심판을 피하고 천국의 백성이 될 수 있음을 믿는 교회입니다. 예수그리스도를 통한 죄사함과 구원의 확신을 가지고 사는 교회입니다.

2) "이르되 주 예수를 믿으라 그리하면 너와 네 집이 구원을 받으리라 하고"(행 16:31)

이 말씀은 우리 교회가 창립되면서부터 지금까지 매년 달력에 변치 않고 들어가는 말씀입니다. 앞으로도 계속해서 이 말씀은 변치 않을 것이다. 왜냐하면 나의 구원이 가족구원으로 연결되지 않으면, 그것은 완전한 구원이 될 수 없기 때문이다. 예수를 믿으면 죄사함 받고 영생을 얻는다는 것을 믿고, 예수를 믿지 않는 자에게는 영원한 심판과 지옥이 있다고 믿는다면 어찌 사랑하는 가족의 구원을 위해서 아무런 일도 하지 않을 수 있겠습니까?

그러므로 나 개인의 믿음을 통해서 가족구원의 일들이 일어나는 교회가 우리 교회입니다. 우리 교회에서 어려서부터 신앙생활을 한 사람 중에 혼자서 믿었지만, 가족들이 하나둘 교회로 나오면서 구원받는 가정이 생겨나는 것을 봅니다. 마음속에 예수님이 계시고, 성령께서 함께하시는 삶을 살면 하나님께서 그 가정 전체를 구원으로 인도하심을 믿으시기 바랍니다.

3) "내가 진실로 너희에게 이르노니 한 알의 밀이 땅에 떨어져 죽지 아니하면 한 알 그대로 있고 죽으면 많은 열매를 맺느니라"(요 12:24)

우리 교회가 존재하게 된 이유에는 선교사 가정이 몽골에 파송되었기 때문이다. 그러면 이 선교사는 왜 이 땅에 오게 되었을까요? 그것은 한 청년의 죽음이 있었기 때문입니다. 2000년 7월 11일 김성호 청년이 시골의 한 교회의[3] 지붕 수리 중에 하나님의 부르심을 받았습니다. 그 청년은 '이흐나랑' 묘역에 묻혀 있는데, 그 묘비에 이 말씀이 기록되어 있습니다.

그러므로 우리 교회에는 이 말씀의 DNA가 흐르고 있습니다. 누가 제자가 될 수 있는가? 복음을 위해서 희생하고 자신의 삶을 드리는 헌신적인 삶을 살아야 한다는 믿음의 각오가 있는 자들이 주님의 제자가 될 수 있습니다. 한 알이 밀이 죽을 때 많은 열매가 맺고, 그 열매를 통해서 다시 수많은 열매들이 맺혀지는 비전을 가져야 합니다.

우리 교회는 수년 전부터 북한 선교를 위해서 몽골 선교사를 후원하고 있고, 중국 내 소수민족 안에 살고 있는 몽골족을 위해 선교사를 파송하여 후원하고 있습니다.

또한 우리교회는 수년 내에 러시아의 변방으로 도피하듯이 이주해 나간 타타르족으로 선교사를 보내게 될 것입니다. 이 종족은 징기스칸의 아버지 예수게이를 독살한 일 때문에 수백 년 동안 몽골족에게 핍박을 받아 쫓겨나서 살고 있는 사람들인데, 그들은 아직도 자신들을 몽골족이라는 생각을 가지고 있습니다. 역사적인 일로 인해서 몽골족들이 미워할 수밖에 없는 민족이지만 이들을 그리스도의 사랑으로 섬기려고 준비하는 일꾼이 있습니다. 이들에게 복음을 전하는 선교사로 자신을 헌신한 것입니다. 수년 내에 이들에게 선교사를 보내게 될 것입니다.

이제는 받은 은혜를 갚는 교회로 나아갑시다.

받은 사랑을 온 천하에 나누어주는 교회가 됩시다. 할렐루야!

---

3) 으블항가이도의 수도인 아르바이헤르, 뭉힝 아우랄링 어드 (영원한 구원의 별) 교회.

Ⅱ. CMC & 어린양교회 역사

2003. 8 ~ 2019. 3

2002년 4월 20일, 송천교회는 김종진 장희수 선교사를 몽골에 교회 개척과 교회 지도자 양성을 위해서 파송하였다. 이후 2008년 8월부터 2018년 현재까지 종교교회의 파송으로 2기와 3기 사역을 진행하고 있다.

2003년 8월에 개척이 된 어린양교회는 2004년 5월에 몽골 정부로부터 취득한 종교법인인 'Christian Methodist Center'(이하 CMC)와 한 몸을 이루어 성장해 나가고 있다. 모든 유무형의 재산은 CMC라는 법적인 조직을 통해서 보호를 받고 있다.

CMC & 어린양교회의 간략한 역사를 정리해 보았다.

2002. 4	김종진 / 장희수 선교사 몽골 파송
2002. 10	샤르하드 에르든털거이 대지 및 2층 건물 구입
	주소: 바양주룩 에르든털거이 3-17
2003. 8	CMC & 어린양교회 건축 봉헌 및 개척
	어뜨겅 자르갈 전도사 동역 시작
2003.11-2006.6	어린양교회 건물에서 몽골 감리교 연합사역으로 MTBC 신학교 개교
2004. 5	Christian Methodist Center 종교법인 허가
2006. 8	교회 2차 대지 구입 / 삼청비전센터 봉헌
	주소: 바양주룩 에르든털거이 3-17

2007. 6	사랑의 학교 개교 (NGO 사역)
2008. 8.17	창립 5 주년 파송식 으블항가이 중바양올랑 솜 교회개척을 위해 장년부 지도자 수흐바트 집사 파송 군선교사로 바트톨가 자우항 생잠 솜에 파송
2008.10-2010.10	어뜨겅자르갈 전도사, 서울거주 몽골인 교회개척을 위해 파송(종교교회)
2009.6-2011.6	날래흐 생수의 강 교회 개척을 위해 네르구이 전도사, 찬차돌람 전도사 파송(2년간)
2013. 6	토야 전도사 아고운드르에젱교회 개척을 위해 파송 (헨티도의 수도인 운두르항)
2013. 6	3차 교회대지구입, 바양주룩 에르든털거이 3-18 종교교회 자교교회 열림교회 후원
2014. 7	바트톨가 전도사 가정 '주님의 어린양교회' 개척을 위해 파송, 바양주룩구 모넬지역
2014. 8	어뜨겅자르갈 목사안수
2015. 4	첸드아요시 목사 몽골 MTBC 신학교로 파송
2016. 9	강툭스 전도사, 몽골 구세군 센터 사역자로 파송
2014. 12	투브아이막 존모드 천국의 종소리 교회 개척을 위해 어뜨겅자르갈 목사 가정 파송, 이후에 냠카 전도사 파송(MTBC 신학교 재학중)
2016. 8	천국의 다리 교회 개척을 위해 히식수렝 전도사(뭉흐징) 가정 파송, UB 칭겔테구 몽라지역
2017~	31개의 미자립교회 교역자를 위한 의료/연금보험 지원

	시작
2017~	필리핀 까비떼 뉴드림교회 청년지도자 장학금지원시작
2017. 5	토야 목사안수
2017. 8~	다와후 C국 몽골족 선교를 위해 파송 / 후원
2017. 10	베데스다 수양관 건축봉헌(2013년 대지구입)
2018. 8. 29	찬차돌람 바트톨가 히식수렝 강수흐 목사안수
	나라만타흐 보양덜거르 오랑치멕 토야
	몽골감리교 정회원 허입(2년급)
2019. 1. 6	35명 집사 임명
2019. 6	삼청교회 110주년 Chapel 봉헌 예정
2021	타타르족을 위한 선교사 파송을 준비

Ⅲ. 어린양교회 세례자 명단

어린양교회는 2004~2013년까지 10년간 165명이 세례를 받았다. 앞에서 분석한 것처럼 이 시기는 회심 성장의 비율이 압도적으로 많았음을 밝힌 바 있다.

그리고 2014~2018년까지 84명에게 세례식을 베풀었다. 그리고 이 시기에 특이한 점은 처음 교회 신자였던 젊은 청년들이 가정을 이루어서 그들의 자녀들이 세례를 받는 경우가 많았다는 점이다. 즉 생물학적인 성장도 함께 일어나고 있음을 알 수 있다.

하늘의 별과 같이 생명책에 기록된 아름다운 이름들을 정리해 보았다.

1. 2004-2013

〈표 29〉 어린양교회 세례자 명단(2004-2013)

번호	이름	나이	성별	일련번호
		2004.04.11		
1	P. 아무라사나	남	17	No.1
2	G. 바트톨가	남	17	No.2
3	U. 강툭스	여	23	No.3
4	E. 강체첵	여	15	No.4
5	E. 강자르갈	여	22	No.5
6	J. 자르갈바타르	남	17	No.6
7	T. 레나	여	52	No.7
8	E. 뭉흐델게르	여	42	No.8
9	B. 서런정벌드	남	33	No.9
10	B. 히식나랑	여	18	No.10
11	M. 오강체첵	여	16	No.11

12	D. 우드월	여	18	No.12
13	B. 셔우더르	여	49	No.13
		2004.08.15		
14	CH. 알탕토야	여	33	No.14
15	D. 바트치멕	여	19	No.15
16	B. 절자야	여	18	No.16
17	B. 어윤톨가	남	14	No.17
18	G. 바야르마	여	19	No.18
19	H. 아냐	여	30	No.19
20	K. 타마라	여	58	No.20
21	S. 투르뭉흐	남	18	No.21
22	D. 우느르벌드	남	3	No.22
23	A. 어트겅자르갈	여	15	No.23
24	CH. 에르덴게렐	여	36	No.24
25	H. 자우장돌람	여	14	No.25
26	B. 찬차돌람	여	34	No.26
27	U. 절자야	여	17	No.27
28	D. 수흐바타르	여	11	No.28
		2004.12.26		
29	S. 히식수렝	여	17	No.29
30	S. 우양가	여	17	No.30
31	B. 우랑치멕	여	17	No.31
32	B. 다슈냠	남	15	No.32
33	M. 게렐트-어드	여	15	No.33
34	B. 돌마	여	28	No.34
35	S. 어용게렐	여	41	No.35
36	D. 다슈후	여	56	No.36
37	P. 을지바야르	남	44	No.37
38	B. 엥흐태왕	남	6개월	No.38
39	G. 에르덴바야르	남	28	No.39
40	G. 벌드	남	12	No.40
		2005.03.27		
41	TS. 우양가	여	19	No.41
42	J. 척트자르갈	남	17	No.42
43	TS. 어용-에르덴	여	25	No.43
44	N. 엥후태왕	남	18	No.44
45	E. 벌러르	여	15	No.45

46	T. 엥흐저릭	남	17	No.46
47	절자르갈	여	17	No.47
2005.12.25				
48	최고은	여	10개월	No.48
49	M. 바양볼락	여	45	No.49
50	G. 에르덴빌렉	여	48	No.50
51	S. 어용-에르덴	여	20	No.51
52	E. 자우흘랑투그스	남	21	No.52
53	E. 엥흐바트	남	19	No.53
54	G. 에르덴치멕	여	53	No.54
55	H. 바트체첵	여	13	No.55
56	D. 셀렝게	여	15	No.56
57	B. 첸궁	남	20	No.57
58	TS. 우랑빌렉	여	14	No.58
59	T. 사야볼드	남	17	No.59
60	SH. 어용볼드	남	20	No.60
61	TS. 뭉흐졸	여	20	No.61
62	S. 나몽베갈	여	8개월	No.62
2006.04.16				
63	O. 어용체첵	여	40	No.63
64	U. 토야	여	25	No.64
65	Z. 난딩체첵	여	24	No.65
66	CH. 체체그마	여	49	No.66
67	M. 더르즈한드	여	21	No.67
68	S. 나랑바타르	남	18	No.68
69	B. 타그와자브	여	22	No.69
70	O. 짐세	여	3	No.70
2006.12.24				
71	M. 바트세흥	남	40	No.71
72	S. 뱜바수렝	여	23	No.72
73	Ch. 멀러르마	여	24	No.73
74	H. 너밍-에르덴	여	15	No.74
75	H. 어용바타르	남	14	No.75
76	E. 헝거르토야	여	16	No.76
77	D. 첸드-아요쉬	여	26	No.77
78	D. 엥흐투르	남	44	No.78
79	N. 셀렝게	여	18	No.79

80	B. 강톨	여	19	No.80
81	N. 뭉흐토야	여	18	No.81
82	B. 생바야르	남	21	No.82
2008.12.28				
83	J. 지그미드	여	61	No.83
84	D. 어윤바야르	여	16	No.84
85	S. 첸드 – 아요쉬	여	19	No.85
86	N. 우랑거	여	15	No.86
87	G. 어트겅체렝	여	25	No.87
88	A. 앙흐빌렉	여	19	No.88
89	H. 우넹바야르	남	17	No.89
90	T. 앙흐바야르	남	22	No.90
2009.04.07				
91	B. 뱌바수렝	여	21	No.91
92	B. 셀렝게	여	21	No.92
93	M. 소브드–에르덴	여	18	No.93
94	O. 우랑빌렉	여	16	No.94
2009.11.09				
95	S. 툽싱툭스	남	20	No.95
96	B. 바야르세항	남	20	No.96
97	T. 마르갓	남	22	No.97
98	O. 뭉흐징	남	17	No.98
99	M. 테무징	남	20	No.99
100	B. 엥흐저릭	남	19	No.100
101	O. 엥흐징	남	17	No.101
2009.12.31				
102	A. 어트겅바타르	남	17	No.102
103	S. 바야르라흐	여	18	No.103
104	S. 다시마	여	14	No.104
105	G. 첼멕	여	14	No.105
106	B. 발지르마	여	19	No.106
107	O. 우치랄	여	18	No.107
108	CH. 할리옹	여	19	No.108
109	G. 엥흐세항	여	19	No.109
110	A. 나랑치멕	여	20	No.110
111	E. 뭉흐–우일스	여	19	No.111
112	G. 체첵자르갈	여	22	No.112

113	A. 푸렙수렝	여	19	No.113
114	S. 첸드수렝	여	17	No.114
115	뭉흐자르갈	여	19	No.115
2010.04.04				
116	R. 알탕게렐	남	47	No.116
117	G. 바트쳉겔	남	37	No.117
118	J. 강저릭	남	50	No.118
119	P. 척트수렝	여	42	No.119
120	L. 어트겅체첵	여	20	No.120
121	E. 자브흘랑툭스	남	3 개월	No.121
122	M. 울룽	여	16	No.122
123	P. 강셀렘	여	22	No.123
2010.12.26				
124	D. 다와후	여	21	No.124
125	N. 오용톨	여	23	No.125
126	H. 쉰토야	여	16	No.126
127	O. 어용치멕	여	42	No.127
128	H. 어츠차츠랄	여	17	No.128
129	N. 우랑베갈	여	15	No.129
2011.04.22				
130	TS. 우스흐바야르	남	16	No.130
131	B. 졸체첵	여	19	No.131
132	M. 자브흘랑트	남	19	No.132
133	CH. 자르갈	여	56	No.133
134	Z. 알탕체첵	여	50	No.134
2012.04.8				
135	B. 너러브반자드	여	23	No.135
136	N. 아노-데리	여	17	No.136
137	E. 우랑자야	여	17	No.137
2012.12.23				
138	B. 어덩소브드	여	14	No.138
139	S. 푸렙자르갈	여	17	No.139
140	B. 엥흐자야	여	16	No.140
141	H. 미치드마	여	18	No.141
142	E. 푸렙자르갈	여	20	No.142
143	G. 헝거르졸	여	16	No.143
144	B. 홀랑	여	15	No.144

145	E. 수흐바타르	남	17	No.145
146	B. 둘긍타미르	여	13	No.146
147	G. 인드라	여	39	No.147
148	J. 강수흐	남	4	No.148
		2013.04		
149	TS. 강톨가	남	13	No.149
150	J. 나상자르갈	여	54	No.150
151	E. 나랑바타르	남	14	No.151
152	A. 우르징한드	여	55	No.152
153	O. 바트자르갈	여	19	No.153
154	O. 바트수렝	여	16	No.154
155	I. 푸렙수렝	여	51	No.155
156	B. 나랑바타르	남	19	No.156
		2013.12 c a p		
157	D. 바트투므르	남	20	No.157
158	G. 파감돌람	여	16	No.158
159	U. 엥흐 – 에르덴	남	1	No.159
160	B. 뭉흐 – 우치랄	남	2	No.160
161	M. 세항빌렉	남	2	No.161
162	E. 척트자브흘랑트	남	2	No.162
163	M. 투쉭	남	2	No.163
164	M. 아리옹난딩	여	4	No.164
165	임재영	남	1	No.165

2. 2014–2018

〈표 29〉 2014–2018년 세례자 명단

		2014.04.20		
번호	이름	성별	나이	일련번호
1	T. 아노징	여	7	No.166
2	B. 뱜바바야르	여	16	No.167
3	T. 이네렐	여	4	No.168
4	D. 냠 체렝	남	19	No.169
5	Z. 이데르빌렉	남	19	No.170

6	E. 오랑벌드	남	25	№171
7	J. 뭉긍수흐	남	38	№ 172
8	O. 어뎅치멕	여	44	№173
9	O. 테무징	남	22	№174
10	B. 할리옹	여	6 개월	№175
		2014.12.		
11	B. 뭉흐-익스겔렝	여	6 개월	№176
12	B. 나랑체첵	여	15	№177
13	A. 에밍-에르덴	여	14	№178
14	A. 부흐빌렉크트	남	11	№179
15	A. 툽싱빌렉	남	1	№180
16	B. 강벌드	남	62	№181
17	B. 소브드마	여	18	№182
18	A. 어뜨겅테미르	여	15	№183
		2015.04.05		
19	U. 아리옹세트겔	여	1 개월	№184
20	O. 마르갓	남	3 개월	№185
21	M. 아얄고	여	1 세	№186
22	B. 미셸	여	4 세	№187
23	I. 벌러르치멕	여	42	№188
24	J. 사랑토야	여	42	№189
25	G. 나랑치멕	여	25	№190
		2015.07.18		
26	바타르	남	62	№191
		2015.12		
27	TS. 알탕징	남	41	№192
28	TS. 자그드툼	남	33	№193
29	N. 애니르랑	남	1 개월	№194
30	B. 나랑가르브	여	20	№195
31	N. 뭉흐졸	여	19	№196
32	B. 빌구테	남	10	№197
33	B. 테무게	남	8	№198
34	TS. 뭉흐나상	남	53	№199
		2016.04.		
35	B. 툭스자브흐랑트	Э р	20	№200
		2016.12		
36	B. 아노	여	17	№201

37	D. 아노	여	17	No.202
38	S. 볼강테미르	여	21	No.203
39	T. 가리드	남	2	No.204
40	T. 게겡	여	4 개월	No.205
41	B. 가르마	여	21	No.206
42	B. 뭉흐바타르	남	18	No.207
43	O. 뭉흐호이약	남	20	No.208
44	E. 너밍-에르덴	여	17	No.209
45	O. 미치드	여	4 개월	No.210
46	김남우	남	2	No.211
47	E. 수흐바트	남	16	No.212
48	R. 우링토야	여	15	No.213
49	R. 우르채흐	여	16	No.214
50	B. 나랑체첵	여	20	No.215
51	B. 벌러르만다흐	여	21	No.216
52	P. 잉흐슬렝	여	15	No.217
53	A. 폰사돌람	여	18	No.218
2017.12				
54	E. 바야르자브흘랑트	남	7 개월	No.219
55	B. 뭉흐-테능	남	3 개월	No.220
56	H. 에르헴바야르	남	13	No.221
57	G. 부렝자르갈	여	13	No.222
58	S. 우르누흐빌렉	남	1	No.223
59	E. 오강바야르	남	4	No.224
60	E. 뭉흐바타르	남	2	No.225
61	H. 허스바야르	남	18	No.226
2018.10				
62	M. 바트뭉흐	남	18	No.227
63	B. 알탕턱스	여	21	No.228
64	P. 후렐바타르	남	18	No.229
65	N. 우링토야	여	15	No.230
66	H. 울렝	여	17	No.231
2018.11.				
67	D. 이칭너러브	여	70	No.232
2018.12.31				
68	B. 아밍거	여	10 개월	No.233
69	D. 앙흐바타르	남	1	No.234

70	B. 빌구데	남	3	№235
71	S. 이트겔	남	8	№236
72	M. 에밍-에르덴	여	7	№237
73	E. 바양델게르	남	13	№238
74	N. 벌러르체첵	여	10	№239
75	R. 빌구네	남	9	№240
76	N. 둘긍	남	10	№241
77	M. 툭스 – 에르덴	남	10	№242
78	B. 호위자야	남	9	№243
79	P. 허스바야르	남	11	№244
80	E. 어드마랄	여	10	№245
81	B. 뭉흐치멕	여	11	№246
82	T. 강틱	여	5 개월	№247
2019.3				
83	SH. 바트을지	Э р	70	№248
84	TS. 데메드	여	65	№249

참고 자료

곽안련. 한국 교회와 네비우스 선교정책(*The Nevius Plan for Mission Work*). 서울: 대한기독교서회. 1994.

김봉춘. 한국기독교의 몽골선교. 서울: 도서출판 케노시스. 2016.

김성태. 세계 선교 전략사. 서울: 생명의말씀사. 1994.

기독교대한감리회. 교리와 장정. 서울: 도서출판 KMC. 2017.

김우현. 부흥의 여정. 서울: 규장. 2006.

나일선. 교회성장의 원리. 서울: 성경학교 출판부. 1993.

대한예수교장로회 몽골 현지선교회 편. 선교의 동반자 초원길을 복음의 길로. 서울: 한들출판사. 2012.

몽골 한인선교사회. 몽골 한인선교 15주년 기념 자료집. 울란바타르: 몽골 한인선교사회. 2006.

민경배. 한국기독교회사. 서울: 대한기독교출판사. 1986.

박기호. 타 문화권 교회개척(*Cross - Cultural CHURCH PLANTING*). 서울: 개혁주의 신행협회. 2005.

방콕선교포럼위원회. 한국 교회의 출구전략(*Exit Strategies and Korean Mission: Reflections and Implications*). 서울: 예영커뮤니케이션. 2012.

옥한흠. 다시 평신도를 깨운다(*Called to Awaken the Laity*). 서울: 국제제자훈련원. 2000.

이대학 외. 복음은 초원과 사막을 넘어서. 서울: 홍성사. 2018.

한화룡. 도시선교(*Called to Awaken the Laity*). 서울: 한국기독학생회출판부. 1997.

David Finnell. 셀교회 평신도 지침서(*A Simple Guide to Active Cell Life*). 박영철 옮김, 서울: 도서출판 NCD. 2000.

Donahue, Bill. 윌로우크릭 교회 소그룹이야기(*The WILLOW CREEK Guide to LEADING LIFE-CHANGING SMALL GROUPS*). 송영선 옮김, 서울: 도서출판디모데. 1999.

Elmer Towns and Douglas Porter. 사도행전식 교회개척(*CHURCHES THAT MULTIPLE*). 김재권 역. 생명의말씀사. 2005.

Lesslie Newbigin. 교회란 무엇인가(*The Household of God*). 홍병룡 역. Ivp. 2010.

McGavran, Donald A. 하나님의 선교전략(*The Bridge of God*). 이광순 역. 서울: 한국장로교출판사. 1993.

______________. 기독교와 문화의 충돌(*The Clash between Christianity and Culture*). 이재완 옮김. 서울: 기독교문서선교회. 2007.

Marku Tsering. 티벳 불교권 선교(*Sharing Christ in the Tibetian Buddhist World*). 이상룡 역. 서울: 도서출판 NCD. 2003.

Winter, Ralph D. 퍼스펙티브스(PERSPECTIVES ON THE WORLD CHRISTIAN MOVEMENT). 정옥배 외 옮김. 고양시: 도서출판 예수전도단. 2013.

Roland Allen. 바울의 선교 vs. 우리의 선교(*Missionary Methods: St Paul's or Ours?*). 홍병룡 옮김. 서울: Ivp. 2008.

Ruth A. Tucker. 선교사열전(*FROM JERUSALEM TO IRIAN JAYA(A BIOGRAPHICAL HISTORY OF CHRISTIAN MISSIONS*). 박해근 옮김. 고양시: 크리스찬 다이제스트. 2000.

Wagner, Peter C. 성서적 교회성장(*Church Growth and The Whole Gospel*). 서정운 역. 서울: 대한기독교출판사. 1984.

______________. 교회성장원리(*Your Church Can Grow*). 권달천 역. 서울: 생명의 말씀사. 1996.

Bradley, Mayhew. *Mongolia.* Lonely Planet Publications Pty Ltd. Austraila. 2001.

Brock, Charles. *Indigenous Church Planting*. Missouri: Church Growth International. 1994.

Gibbs, Eddie. *I Believe in Church Growth*. Pasadena: FULLER SEMINARY PRESS. 2000.

John J. Palen. *The Urban World, 3rd*. New York: McGraw-Hill. 1987.

Mayhew, Bradley. *Mongolia*. Australia: Lonely Planet Publications Pty Ltd. 2001.

McGavran, Donald A. *Understanding Church Growth*. 3rd ed. Grand

Rapids, MI: Eerdmans. 1990.

McIntosh, Gary L. *BIBLICAL CHURCH GROWTH*. Michigan: Baker Books. 2003.

Nevius, John L. *The PLANTING and DEVELOPMENT of MISSIONARY CHURCHES*. Canada: Gregory Edward Reynold. 2003.

OMF International. Christian Church Growth In Mongolia Research Report. Ulaanbaatar: Монголын Эвэнгэлийн Эвсэл. 2019.

http:www.mongolembassy.com/newEmbassy/basicdata.asp

http:www.mongol91.com

https://www.ywamfrontiermissions.com/unreached-people-groups/what-is-an-unreached-people-group-up